FABIO BRAZZALE

BRUCHI VINCENTI

Come Trovare La Via Della Felicità e Dell'Abbondanza Con Il Mindset Evolutivo Del Bruco Che Diventa Farfalla

Titolo

"BRUCHI VINCENTI"

Autore

Fabio Brazzale

Editore

Bruno Editore

Sito internet

http://www.brunoeditore.it

Sommario

Disclaimer

Le strategie riportate in questo libro sono frutto di anni di studi e specializzazioni, quindi non è garantito il raggiungimento dei medesimi risultati di crescita personale o professionale. Il lettore si assume piena responsabilità delle proprie scelte, consapevole dei rischi connessi a qualsiasi forma di esercizio. Il libro ha esclusivamente scopo formativo.

"Bruchi Vincenti" vuole esclusivamente trasferire consigli e suggerimenti per acquisire "un mindset", un atteggiamento mentale e delle sane abitudini afferenti al corpo, alla mente e all' essere, basate sulla diretta esperienza dell'autore, per migliorare, attraverso la qualità dei propri pensieri e le modalità con cui si reagisce agli stimoli esterni, anche la qualità della propria vita, individuando nuove strategie, soluzioni, possibilità.

Lo stesso Fabio Brazzale riconosce, in assoluto, che la possibilità di tornare a vivere una vita normale è comunque stata possibile, ed è tuttora consentita, grazie all'insostituibile contributo della medicina e all'utilizzo di alcuni farmaci, dopo l'intervento e tuttora.

Pertanto, ogni informazione, strategia e/o consiglio contenuti in questo libro e riguardanti la crescita personale o professionale o il miglioramento della salute non sono sostitutive in alcun modo del rapporto tra paziente e medico curante, rapporto che lo stesso Fabio Brazzale suggerisce e consiglia.

Si precisa, altresì, che ogni informazione, strategia e/o consiglio contenuti in questo libro non devono essere considerati come suggerimenti per la formulazione di una diagnosi, la determinazione di un trattamento o l'assunzione o la sospensione di un farmaco senza che prima venga consultato un medico di medicina generale o uno specialista. Quindi, l'utilizzo di tali informazioni è sotto la responsabilità, il controllo e la discrezione unica del lettore.

Prefazione

Il mondo in cui viviamo è complesso e sfidante e le prove per crescere sono sempre a portata di mano: tanto più in questo periodo di grandi cambiamenti economici e sociali in cui anche il nostro intero modo di vivere è stato messo in discussione dalla recente pandemia di Coronavirus che tutto il mondo sta affrontando.

La vita, infatti, a volte sembra ingiusta e strana, se viene vissuta in maniera personale e identificandosi, restando coinvolti nelle situazioni che ci attanagliano. L'uomo medio spera che tutto vada sempre bene, prega che gli capitino situazioni facili da gestire, che la sua famiglia resti in salute, chiede di avere sempre ciò di cui ha bisogno: aspira infatti ad avere problemi piccoli e non a diventare più grande dei problemi stessi.

Se tutto fila liscio, la vita viene vissuta in maniera serena, ma quando accade qualcosa di brutto, tutto sembra non finire mai e generare paura e inquietudine. Ma se riusciamo a fermarci un attimo e a guardarci dentro con l'assoluta certezza che tutto quello che accade è solo per il meglio e a non identificarci con colui che soffre, ma a prenderne le distanze, la vita scorrerà più facilmente e sarà piena di significato. Questo è quello che ci dimostra Fabio nella sua vita e con la sua storia.

Ho conosciuto questo ragazzo in uno dei miei seminari e dopo aver fatto due parole con lui ho capito subito l'importanza di ciò che aveva da narrare. Come era riuscito, malgrado le tante disavventure subite e un grosso problema di salute al cuore e sempre tenendo la testa alta, a ripartire, imparando dalle cadute e dai fallimenti. In maniera naturale, aveva appreso il modo di porsi le giuste domande, per trovare le soluzioni e andare oltre i problemi. Proprio come insegna la PNL, tecniche che le scienze hanno codificato e di cui Fabio dimostra, in maniera innata, di averne una conoscenza spontanea, pur non avendole apprese da altri.

Sono convinto che la sua storia di successo porterà, a ognuno di voi, una maggiore consapevolezza. Questo libro è per tutti coloro che vogliono migliorare o cambiare la propria strategia di vita, per ripartire con la giusta attitudine interiore dopo grossi problemi di salute, per essere più efficaci nel business, o sentirsi meglio come esseri umani. La semplicità e la trasparenza del suo racconto, vi porteranno a rimboccarvi le maniche e a prendere la decisione di procedere, ed esistere, per sentirvi e vivere nuovamente in totale pienezza, salute, ricchezza e felicità.

La scelta di divenire farfalle, non è mai influenzata dalle circostanze, ma soltanto dal proprio desiderio interiore. E per scegliere una vita di abbondanza, salute e felicità, che è un nostro diritto di nascita, non è richiesto uno sforzo maggiore, di quello necessario per liberarsi dalla miseria dell'esistenza umana. È sempre e soltanto una scelta.
La tua.
Compila.

Robert G. Allen
#1 New York Times Autore Bestseller

Introduzione

«Prima ti ignorano, poi ti deridono, poi ti combattono. Poi vinci».
(Mahatma Gandhi)

Questo manuale non pensiate sia stato scritto per allevare bruchi o altri simili, ma ha lo scopo (o la presunzione) di farvi notare che forse non siete ciò che pensate di essere, cioè individui limitati alla vostra situazione odierna, con i vostri dubbi, le vostre insoddisfazioni, le vostre piccole e grandi paure, ma esseri molto più grandi e speciali.

Vi hanno mai detto di assomigliare a una larva? A me è capitato: sì, avete capito bene: «Brazzale, sei proprio una larva!», mi dissero. Subito non ne ero stato molto felice, ma ora ne vado fiero! Adesso vi spiego perché.

Il bruco, è lo stadio larvale della farfalla, un essere speciale che, dopo accurata metamorfosi, riesce a volare. Questa metamorfosi può essere lunga e difficile e il suo esito positivo non è mai scontato. I bruchi, sono infatti insetti molto cacciati dai loro predatori che potrebbero impedirne od ostacolarne la metamorfosi e come possibilità di proteggersi hanno poche armi a disposizione, tra cui l'imitazione, il mimetismo e il fatto che sono un po' velenosi.

Questa è la vita, è così che impariamo a diventare grandi e, malgrado la spinta verso il mutamento insita nella sua vera natura, il povero bruco potrebbe smarrire la via, perdere le forze e dimenticare ciò per cui è nato: divenire una farfalla che vola libera. Svariati sono infatti gli esseri viventi che potrebbero insidiare il bruco durante il suo processo di trasformazione: fra questi vi sono i millepiedi, ossia una super classe di artropodi dall'elevato numero di zampe.

I millepiedi hanno delle caratteristiche peculiari: sono molto abili, sanno assai bene ciò che vogliono e devono fare, sono molto legati al potere e al denaro e per raggiungerlo sono disposti a tutto. Quando sono in giovane età, si distinguono perché vogliono già imporre il proprio volere, decidono come e cosa fare senza preoccuparsi del pensiero altrui e vivono per soddisfare i propri bisogni; crescendo, ancora vogliono decidere sugli altri e, se acquisiscono qualche segreto utile, hanno paura di condividerlo per timore di avere concorrenti sia nella vita di tutti i giorni che in amore o nel lavoro.

Lavorano sodo, quando arrivano ad avere attività proprie hanno il pieno controllo delle mansioni, non delegano nessuno perché senza di loro le cose non potrebbero funzionare (o meglio credono questo), sono disposti a lavorare 10 o 11 ore e più al giorno (sabati e domeniche compresi), sacrificando il tempo alla famiglia, agli amici e magari alle vacanze e trascurando, spesso, la propria salute: d'altronde, hanno molte zampe per fare tutto questo!

Dovete stare molto attenti a frequentare queste persone, vi abbassano di qualità in tutti i campi della vita: in quanto saranno vostri amici fino a che farete loro comodo o per condividere vantaggi per poi, nei momenti di difficoltà, eliminarvi senza problemi o scrupoli e, non appena raggiunto un obbiettivo comune, mangiarsi da soli tutta la torta e lasciarvi a bocca asciutta col coltello in mano! Lo stesso atteggiamento lo manifestano in qualsiasi altro campo della vita.

È giusto lavorare ci mancherebbe, ma forse lo si può fare in maniera più consapevole. Il bruco, in questo processo di evoluzione, può sentirsi fuori posto, minacciato, non adeguato all'ambiente circostante e potrebbe desiderare di assomigliare a qualche altro insetto (atteggiandosi, inconsapevolmente, a millepiedi!), la cui strada verso l'evoluzione potrebbe sembrare più facile: avete presente la storia dell'aquila che si credeva un pollo?

Infatti ci sono bruchi che non diventano mai farfalle, perché durante la metamorfosi, a causa delle avversità che incontrano, preferiscono restare in uno stato di insoddisfazione, senza mai alzare la testa e bucare il bozzolo: così segue l'inverno che ruberà loro la possibilità di volare via, sprecando invano questa vita.

Anche io, senza volerlo, mi sono comportato, molte volte, come un millepiedi: lavoro, fatica, poco tempo per gli altri e per me stesso, cattive abitudini, pessima gestione del tempo, la mia vita era una corsa infinita ad ostacoli, in cui i bisogni del mio corpo e della mia anima sono rimasti inascoltati per molti anni.
Fino a quando "è suonata la campana" e il mio apparente equilibrio si è, definitivamente, spezzato: il mio cuore ha ceduto.

Questo libro racconta *la mia storia*, quella di un ragazzo partito 46 anni fa dalla provincia a cui era stato predestinato un futuro grigio e incolore, ma che ha deciso di dipingerlo al contrario, con tutti i colori dell'arcobaleno. Parlo a te che stai leggendo, che forse hai vissuto sulla tua pelle grandi prove come la mia, fallimenti, cadute o magari non sai più che cosa vuoi dalla vita, vorresti cambiare la tua situazione, di lavoro, di famiglia, di salute, di denaro, ma non ci riesci. Sei bloccato nelle sabbie mobili, non vai avanti, né indietro. Ti senti come la colla sotto i piedi, molto va storto e quel che c'è di buono, forse, non lo noti nemmeno. Quando ti svegli la mattina, senti una pesantezza infinita.

Anche io mi sono sentito così, per moltissimi anni. In certi momenti desideravo soltanto dormire, per non pensare, tanto ero depresso. La gioia degli altri mi infastidiva, perché accresceva il mio senso di totale mancanza.

Ti parlerò in termini semplici, perché in fondo io sono proprio così: non ho la laurea, ma una semplice scuola professionale, ho lavorato molti anni in fabbrica al tornio, perché era quello che voleva mio padre. Ho fatto il rappresentante di antifurti, il pittore, il decoratore, il montatore di tetti in legno e poi ho aperto una mia ditta di restauro. Ho viaggiato dentro e fuori di me, per trovare un senso alla mia esistenza. Nel frattempo, sono mezzo morto (ma quella è un'altra storia, che avrete modo di sentire). Dopo molti anni ho chiuso la mia attività di restauro e manutenzioni edili quando ho finalmente trovato lo scopo della mia vita: quello che leggerete tra le righe di questo libro.

Ho infatti ristrutturato la mia azienda e cambiato il modo di fare il mio lavoro quando il mio "povero cuore" si "è rotto", lasciando dietro di me i cocci di una vita dura, ma non vissuta invano.
Oggi sono un imprenditore che compra e vende case e, secondo il comune sentire, ho benessere, felicità e finalmente, salute.

Ma, più di tutto, sono me stesso. E, nonostante i problemi che ho avuto, vivo una vita assai migliore di prima, avendo molto più tempo per me stesso e per chi amo, per prendermi cura di me, della mia salute, del mio corpo e della mia mente. Paradossalmente, ho anche notevolmente incrementato le mie entrate.

E, solo oggi, inizio a comprendere quel famoso aforisma del grande Napoleon Hill che recita: "Ogni avversità, ogni fallimento e ogni dolore portano con sé il seme di un vantaggio equivalente o superiore".

E' infatti nelle situazioni più estreme, in special modo quando la salute e la vita sono messe a repentaglio, che i nostri talenti emergono, come dono per noi e per gli altri.

Trasferire la possibilità, per ognuno, di dare vita a questo cambiamento, è uno dei miei principali scopi, oltre a quello di essere un imprenditore che contribuisce al benessere di questa società con le proprie idee e il proprio lavoro. Non sono un maestro, né un coach per vocazione, ma soltanto uno come tanti che, dai propri fallimenti, ne ha tratto un vantaggio molto maggiore: e ha trovato, dalla propria esperienza, delle ricette per una vita più semplice, sana e ricca in senso ampio.

Alla fine di ogni capitolo troverete delle "frasi del cambiamento" che ho interiorizzato, in questi anni, dopo il mio risveglio alla vita, in seguito all'operazione al cuore. Ne consiglio vivamente la ripetizione a voce alta e con intensità, più volte al giorno, scegliendone alcune che maggiormente "risuonano" in voi, a tutti coloro che si trovano o che si sono trovati a vivere un problema di salute come il mio, ma anche a tutti quelli che, in un certo modo, sono alla ricerca della loro parte migliore che, in essenza, anela a una felicità non transitoria.

Sono dei principi che, se allenati (perché la ripetizione è la chiave di ogni apprendimento), cambieranno notevolmente la qualità della vostra vita.

Sono una farfalla, perché in primo luogo ho *desiderato* diventarlo. Ho *deciso* che avrei volato. Ho *creduto* di poterlo fare, anche quando i fatti mi davano contro. Ho scelto una vita piena, in cui ogni giorno chiedo all'universo, con *amore*, di sborsare ciò che mi merito. *Tu puoi fare lo stesso.*

Vorrei innanzitutto chiedere scusa a tutti coloro che ho incrociato nel mio cammino e che ho ferito comportandomi, inconsapevolmente, come un millepiedi (vedere sopra ampia descrizione!). Ti auguro che la storia che voglio raccontarti adesso, che è anche *la tua storia*, possa in qualche modo esserti utile, perché tu possa imparare presto a volare e aiutare altri a volare ed essere liberi!

Con gratitudine.
Un bruco vincente

Capitolo 1:
Il segreto per porsi le giuste domande

«Cerca bene in te stesso, ciò che vuoi essere, perché sei tutto.
La storia del mondo intero sonnecchia in ognuno di noi».
(Gialal al-Din Rumi)

«Ovunque tu stia andando, ci sei già».
(Jon Kabat Zinn)

Sono nato 46 anni fa in un piccolo paese di campagna alle porte di Vicenza, da una famiglia modesta di grandi lavoratori: la mamma era casalinga, il babbo lavorava nella fonderia del paese, dove svolgeva un lavoro molto duro, pesante e al caldo, soprattutto d'estate. Arrivava a casa sudato e sfinito dopo ore al forno per la fusione della ghisa a migliaia di gradi e ricordo che non si sia mai lamentato un solo istante. Con me, ha condiviso l'infanzia su e giù per le campagne venete, la mia sorellina più giovane di tre anni,

Mara, con cui ci divertivamo a giocare nella fattoria dei nonni, rotolandoci nei campi all'aria aperta.

Nonostante questa vita giocosa vissuta nella quiete della campagna, a sette/otto anni già sperimentavo uno stato di profonda infelicità anche se non mi mancava nulla e non potevo di certo lamentarmi: percepivo una specie di insoddisfazione perenne, atipica per la mia età, attenuata solo in parte dai giochi e dagli amici e per un tempo non molto lungo.

Vedevo il babbo lavorare tutta la settimana dieci e più ore al giorno, spesso anche il sabato, per arrivare a casa stanco e provato e passare l'intero fine settimana a casa a riposarsi. Lo ricordo, con tenerezza, appoggiato senza forza allo schienale del divano e con gli occhi spenti nel vuoto.

Per me era un incubo, mi si stringeva il cuore vedere questa sofferenza mal celata e, nonostante fossi solo un bambino di seconda elementare, non immaginavo così il mio futuro, o meglio, lo volevo vedere totalmente diverso: ero piccolo, ma in questo avevo le idee ben chiare.

Un episodio importante che vorrei citare, avvenne a circa 12 anni. Frequentavo le scuole medie, era un giorno d'estate e appena uscito da scuola mi accingevo per ritornare a casa. Sul tragitto, passai di fronte alla cartoleria del paese e vidi in vetrina uno splendido aquilone, a forma di aquila. Un pensiero mi persuase: doveva essere mio perché mi vedevo già felice a farlo volare nei prati vicino a casa.

Detto fatto, arrivai a casa e come fanno tutti i bambini cominciai a richiedere l'oggetto tanto desiderato trovando però poca disponibilità da parte dei miei genitori. Alla lunga, riuscimmo a trovare un accordo, l'aquilone in cambio di un mese di piccole commissioni. Era fatta!

Il mese passò e finalmente arrivò il giorno sperato: presi la bici e mi inviai verso il paese vicino che distava più o meno 5 km; era caldo, ma non lo sentivo minimamente perché la mia mente era già sui prati a far volare l'oggetto tanto atteso. Arrivai alla cartoleria e subito concludemmo l'affare, caricai il malloppo nel cestino della mia fedele bici e mi avviai velocemente verso casa.

Sul tragitto però successe qualcosa di inaspettato: uno strano pensiero mi assalì, poi avvertì una stretta al cuore e subito dopo scoppiai in un pianto disperato! Il pensiero malefico che aveva scatenato questa assurda reazione era la *consapevolezza che l'aquilone non mi avrebbe fatto veramente felice*; il risultato di un mese di commissioni e di trepidante attesa aveva già perso il suo valore e il mio interesse per quel gioco si trasformò in sofferenza.

Quante volte ci capita di acquistare o ricevere un dono (una macchina nuova, un paio di scarpe, un bel vestito, un nuovo smartphone, una bella casa etc.) e ne siamo immediatamente felici, ma questo avviene per un dato periodo di tempo che è comunque sempre limitato, magari un giorno, un mese, un anno o forse meno?

E magari quella cosa o meglio quel traguardo che ci siamo sforzati così tanto di raggiungere e che abbiamo a lungo atteso, non è più motivo di felicità, ma ha lasciato spazio a nuovi desideri, a insoddisfazione o nel peggiore dei casi è diventato magari un nostro incubo? (tipo la casa dei sogni che per acquistarla ci fa accedere a mutui che poi ci condizionano la vita e limitano la nostra libertà… facendoci rinunciare a molte cose e lavorare come muli per mantenerla…).

La vita proseguiva e, come tutti, anche io andavo avanti per la mia strada. Finì il percorso scolastico regolarmente: i miei genitori, seguendo il consiglio dei professori, mi inserirono in una scuola professionale, (papà diceva che avrei avuto un lavoro sicuro). Infatti, finiti i due anni di istituto tecnico, avevo già un contratto di lavoro in tasca. Iniziai perciò a muovere i primi passi nelle officine meccaniche del paese dove costruivo stampi per il settore orafo.

Cambiai azienda dopo quattro anni di lavoro perché avevo bisogno di nuovi stimoli e, nella nuova ditta, mi affidarono addirittura un reparto di macchine automatizzate che, in tre anni, insieme all' Ingegnere Rino, riuscimmo a programmare così efficacemente da far triplicare la produzione del reparto. Tuttavia, nonostante il risultato conseguito, stavo perdendo interesse per quel lavoro: mi sentivo annoiato, svuotato, proprio come era successo tanti anni prima con la storia dell'aquilone. Dopo la scalata per arrivare all' obbiettivo, si palesava un breve momento di soddisfazione e poi, l'immancabile noia, l'insoddisfazione, il vuoto.

Decisi perciò di dare un taglio alla monotonia e alla vita trascorsa in azienda fatta di ritmi scanditi e settimane tutte identiche, dove il sabato e la domenica volavano via così in fretta che mi sentivo di paragonarli all'ora d'aria di un carcerato. Cercai di ampliare i miei orizzonti e pensai perciò di divenire un agente di commercio. Quando questi signori venivano in azienda per prendere gli ordini, mi intrattenevo volentieri a parlare con loro e immaginavo fosse proprio un lavoro molto bello: potevano decidere i loro orari di lavoro, stavano a contatto con molte persone e vedevano spesso posti nuovi. Lo trovavo davvero un impiego molto stimolante.

Fu così che diedi le dimissioni dall'azienda per cui lavoravo, mi iscrissi al corso per agenti e iniziai la mia nuova esperienza lavorativa. Tuttavia, capii presto che le cose non erano proprio come pensavo: tutto si basava solo sul "prezzo più basso" e ciò lasciava pochissimo margine per poter anche solo pensare di creare un rapporto umano con i clienti i quali erano, peraltro, molto lamentosi e perennemente insoddisfatti, dovendosi districare tra mercati in recessione e costo sempre maggiore delle materie prime.

In quel periodo avevo circa 25 anni; oltre al lavoro che mi prosciugava un sacco di energie, avevo anche una vita "sociale" molto intensa perché nella mia ricerca della felicità infinita, avevo un sacco di "amicizie" ed ero solito frequentare feste, festini e locali: mi stavo autodistruggendo.

In quella situazione mi impantanai per circa tre anni prima di decidere che, per la mia salute, dovevo smettere con quello sfacelo, così decisi di dare nuovamente un cambio di direzione alla mia vita. Abbandonai tutte le compagnie che frequentavo e, in meno di un attimo, sparii letteralmente dalla circolazione, non entrai più in nessun locale e chiusi definitivamente un capitolo della mia vita.

La mia ricerca dello stare bene mi portò a lunghe passeggiate sui colli veneti, nei boschi, tra i prati: iniziai a scalare montagne, ad avere nuovi amici, nuovi obbiettivi, mi arrampicavo in pareti di roccia così come mi calavo in pozzi naturali (grotte) profondissimi sugli altopiani. Frequentavo un gruppo di speleologi e ne divenni un componente attivo: ricordo che passavo le vacanze a scavare trincee e a cercare funghi nei boschi. Ero decisamente passato da un estremo all'altro, ma questa nuova vita tutto sommato mi piaceva, o meglio, mi dava la sensazione di impiegare il mio tempo in maniera sana e costruttiva.

Nonostante questo cambio di rotta, dopo due anni cominciai nuovamente a essere insoddisfatto di quello che stavo facendo. Dovevo sforzarmi per uscire di casa e stavo nuovamente perdendo ogni stimolo. Un giorno, in pieno inverno, in cui mi stavo arrampicando su una pista da sci, con un trapano demolitore di 15 kg sulla schiena, (serviva per allargare un passaggio nella dura pietra di una grotta), sotto una fredda pioggia che mi inzuppava, mi venne un pensiero illuminante e lucido: «Cosa stavo facendo???».

E così, sotto il peso di questa domanda (e inquietudine) anche questa mia nuova vita super sana e a contatto con la natura finì con lo stesso risultato di sempre: nell' insoddisfazione.

Ero disperato, a un passo dal baratro e una depressione feroce mi assalì: non riuscivo più a dare un senso a niente, ogni attività, lavoro o obbiettivo bello o sano portava sempre allo stesso risultato: insoddisfazione, mancanza di vita, tristezza, grigio, grigio e grigio…

Avevo anche cercato consigli, prima da amici e poi da specialisti, che pero non facevano altro che darmi nuovi obbiettivi, o stimolarmi, ma invano… Avete presente quando vi ho detto che il bruco non riesce a capire il mondo attorno a sé e non è capito dal mondo?

Allora forse, finalmente, cominciai a fare l'unica cosa giusta e invece di piangermi addosso per la situazione, cominciai magicamente e intuitivamente a chiedermi: *Come posso io uscire da questa situazione?*

Quando invece *ci interroghiamo sul perché ci stia capitando qualcosa, ci stiamo focalizzando solo sul problema.* E le soluzioni ci gireranno alla larga. Le domande depotenzianti (tipicamente, sono quelle formulate col "perché" es. "Perché proprio a me?" "Perché è successo questo? etc") creano delle trappole nella nostra mente e generano sensazioni di impotenza e frustrazione.

Ad esempio, non riesco a trovare il tempo per fare le cose, diventa: Come posso trovare il tempo? Non mi va bene nulla diventa: Come posso migliorare la mia situazione? Tutto mi va sempre storto, diventa: Come posso fare in modo che le situazioni mi diventino più favorevoli?

Un consiglio: cercate di usare sempre il *posso,* non il *devo.* Con la giusta attitudine e con le domande formulate in modo corretto la risposta infatti non tardò ad arrivare e giunse sotto forma di un libro che mi fu consigliato da un'anima buona. Si trattava di un libro che parlava di meditazione: *L'arte della meditazione.*

Divorai quel libro in meno di due giorni e subito misi in pratica gli insegnamenti letti cercando immediatamente di cambiare le mie abitudini e i miei modi di pensare. Eliminai gli atteggiamenti egoistici cercando di apprezzare di più quello che avevo e soprattutto cominciai a cercare qualcuno che potesse guidarmi in questa nuova disciplina: un mentore. Questo fu ciò che mi portò quel magico libro e molto, molto altro ancora.

In particolare, piano piano, iniziai a fare pace con me stesso, ad accettare ciò che ero stato, i miei errori, le mie debolezze, le sofferenze che avevo inflitto agli altri e a me stesso.

L'auto accettazione regala un potere immenso, che sconfina nella magia: eppure nessuno lo insegna, né a casa, né a scuola, né tra le mura domestiche, molto spesso. La nostra società è così proiettata verso la spasmodica richiesta della perfezione che siamo tutti letteralmente terrorizzati nel commettere errori: ne abbiamo guadagnato in nevrosi, ansia e disturbi vari. Ha un qualche senso ciò?

L'auto-accettazione si basa su quattro principi:
Il primo: sei un essere umano, sbagliare è un fatto della vita.
Il secondo: in te ci sono tutte le possibilità di perdonare gli errori tuoi e altrui.
Il terzo: nella vita ci sono infinite situazioni per cui sei preparato e altre per cui non lo sei. Se non sei preparato potresti commettere degli errori, ma questo non vuol dire che ci sia qualcosa di sbagliato in te!!!
Il quarto: tu sei importante e hai diritto di soddisfare i tuoi bisogni e i tuoi desideri nel rispetto di chi ti sta accanto.

L'auto-accettazione è un processo lungo, ma anche istantaneo allo stesso tempo, perché si dischiude, come un lampo: all'improvviso pare aprirsi uno squarcio e un profondo senso di leggerezza ci invade. Ciò che conta non è esaurire questo processo una volta per tutte, perché l'auto accettazione richiede allenamento e costanza: si tratta di nutrire, un po' alla volta, il seme che abbiamo piantato.

RIEPILOGO DEL CAPITOLO 1:

- **RICETTA n. 1:** *Le cose materiali non donano una felicità duratura* altrimenti, una volta conseguito l'oggetto o l'obbiettivo sperato, questa gioia dovrebbe essere permanente, ma NON LO È!!!

- **RICETTA n. 2:** *Attenti ai vostri pensieri e alle azioni che ne conseguono:* possono imprigionarvi l'esistenza (o renderla libera).

- **RICETTA n. 3:** Invece di lamentarvi, *cominciate a porvi le giuste domande!*

- **RICETTA n.4:** Abbiate *FEDE*, ovvero qualsiasi sia il cambiamento che volete produrre, dovete essere certi che ciò che avete programmato si realizzerà!!!

- **RICETTA n.5:** Una volta che arriva la risposta al quesito, al "Come posso?" *Bisogna procedere fino in fondo*, costi quel che costi, con sacrificio e tenacia, pena l'insuccesso, che innesca un'abitudine molto pericolosa: l'attitudine a fallire in tutti campi della vita.

- **RICETTA n.6:** Praticate *l'auto accettazione: accettate di sbagliare, perdonate i vostri errori e quelli altrui e riconoscete i vostri bisogni più profondi, accogliendoli.*

Frase del cambiamento: Formulo pensieri perfetti che rendono la mia vita libera e felice.

Frase del cambiamento: Io ho la fede, la forza e il talento per essere ciò che voglio essere.

Frase del cambiamento: Amo e accetto il mio intero essere. Accetto anche l'essere altrui, a prescindere, perché ognuno "è" in base alle risorse che ha.

Frase del cambiamento: Io sono guidato, attraverso le giuste domande "ricevo" piani, progetti e soluzioni.

Frase del cambiamento: Ciò che cerco, lo ottengo perché è già dentro di me.

Capitolo 2:
Come uscire dalle difficoltà della vita

«La vita non è altro che un brutto quarto d'ora,
composto da attimi squisiti».
(Oscar Wilde)

«Solo nell'oscurità puoi vedere le stelle».
(Martin Luther king jr)

Con la pratica della meditazione cominciai a rimettermi in cammino. Cercai innanzitutto Colui che poteva aiutarmi ad approfondire questo *Sentiero* e, come per *caso,* arrivò velocemente (chi cerca trova).

Iniziai a praticare in maniera più profonda la nuova disciplina: pensate che in India questa pratica era considerata la scienza dei re, per *governare i regni in maniera giusta e vittoriosa.*

Con la mente più limpida (perché questo è uno dei primi risultati di questa tecnica), cercai un nuovo lavoro: sentivo che in quel momento di passaggio avevo bisogno di lavorare con le mani, necessitavo di un lavoro fisico per stare bene, perciò decisi di lavorare nel settore edile, grazie ad un cugino che, sapendo della mia propensione per i lavori manuali, mi offrì questa possibilità.

Da agente di commercio, mi ritrovai con spatola e pennello in mano pronto a offrire i miei servizi di pittore edile. Il pittore edile è normalmente quella figura, di solito artigiana, che esegue lavori di rifinitura edile, sia esternamente agli edifici che internamente: si tratta di un lavoro onesto che regala belle soddisfazioni, se ci si dedica con *impegno e amore*.

Lavoravo per un'azienda che restaurava ville e palazzi storici. Inizialmente non fu cosa facile, venivo da un lavoro intellettuale e con orari più flessibili, invece ora le mansioni erano faticose e soprattutto mi era richiesta molta attenzione e velocità: di giorno lavoravo, mentre la sera e i sabati (se non dovevo lavorare) frequentavo corsi inerenti al restauro conservativo e la decorazione murale. Tutto ciò proseguì per molti anni.

Nel frattempo, durante un viaggio in India (dove mi recavo ogni anno per approfondire la pratica dello Yoga,) conobbi colei che poi diventò mia moglie, Enrica. Insieme condividiamo la vita e molti aspetti legati a essa: riusciamo a capirci in maniera profonda, forse proprio perché anche lei ha molto sofferto in passato. Ammetto, qualche diverbio c'è, ma sempre costruttivo e volto a migliorare noi stessi confrontandoci, a volte magari in maniera accesa, con il punto di vista dell'altro, per accogliere sempre nuove prospettive e punti di vista.

Dopo qualche anno di fidanzamento, decidemmo di sposarci e nello stesso periodo intuii che era ora di andarmene dalla ditta per cui lavoravo, per aprirne una di mia più vicino a casa. Fu così che, insieme a un collega, decidemmo di creare una nuova ditta di restauro e affini alle porte di Vicenza.

Era il 2008, purtroppo le condizioni economiche nel settore stavano cambiando, la crisi economica scoppiata negli Stati Uniti stava assumendo gradualmente un carattere globale e i nostri clienti non cercavano più di investire nei prodotti in cui eravamo bravi (la nostra specialità erano le calci, materiali antichi e difficili da lavorare che ricreano le finiture dei palazzi storici e che oggi pochi artigiani sanno applicare), ma si orientavano sempre più spesso verso soluzioni inerenti al risparmio energetico (cappotti, pitture termiche etc.), per contenere, in primis, i costi di mantenimento delle loro abitazioni.

Capimmo subito che dovevamo correre ai ripari sicché decidemmo di frequentare corsi tecnici e di aggiornamento per stare al passo coi tempi. La nostra attività, che aveva nel suo core business il restauro, si convertì parzialmente nell' applicazione di rivestimenti e sistemi inerenti al risparmio energetico. La soluzione non era esaltante, ma dovemmo procedere in questo modo per affrontare le mutate esigenze della clientela. Infatti, riuscimmo a galleggiare nei peggiori momenti della crisi e del ristagno economico e a crearci un mercato solido.

In questo contesto di grande incertezza, il pensiero conduttore che animava me e il mio socio era *la sicurezza che terminato un lavoro ce ne sarebbe arrivato sicuramente un altro*. Senza saperlo, stavamo applicando una delle leggi più forti dell'universo, *la legge di attrazione*, di cui parlerò più avanti.

Gli anni passavano, avevamo un'attività avviata, un buon portafoglio clienti e stavo procedendo con il *mio percorso interiore* cercando di sistemare gli aspetti che percepivo carenti nella mia vita, migliorando soprattutto anche il rapporto con il mio babbo che si era un po' incrinato con gli anni, per reciproche incomprensioni. Non sempre è possibile avere gli stessi punti di vista e quello che pensate vada bene per voi, magari non va bene ad altri: in quei momenti possiamo commettere degli errori di valutazione e creare distacco e fraintendimenti con chi ci ama e ci sta vicino.

Credetemi, a volte basta soltanto guardare la situazione da un'altra prospettiva e tutto diventa più semplice e fluido: cercate di avere un buon rapporto con i vostri genitori, hanno bisogno di voi e voi di loro. Avere dei nodi irrisolti con chi vi ha donato la vita, per quanto possano aver commesso gravi, a volte gravissimi errori è fonte di un'enorme dispersione di energia che limita il vostro slancio verso il futuro perché vi tiene inconsciamente legati a un passato irrisolto. È come procedere con il freno a mano, quale cambiamento o successo duraturo potrete mai veramente acquisire se le vostre radici sono malate?

La situazione si era oramai normalizzata e riuscivo a vivere una vita serena senza più l'incubo dell'insoddisfazione. Avevo una brava moglie molto affettuosa, un lavoro avviato e dignitoso perciò, come nelle belle storie, sembrava arrivata l'ora giusta per avere un figlio. Fu così che arrivò Giovanni Maria a riempire la nostra vita.

All'inizio fu veramente dura, o meglio durissima, diventare papà a 38 anni non era come averne 25. Lavoravo mediamente 11 ore al giorno, esposto al cocente sole estivo e al freddo invernale e spesso mi recavo anche in trasferta lontano da casa. Il nostro bimbo ci svegliava anche 7-8 volte la notte e, ciò nonostante, mi alzavo ogni mattina alle 5:30. I ritmi di lavoro erano davvero estenuanti, la sera mi tremavano spesso le mani per la stanchezza e mi sentivo scoppiare la testa.

Ancora oggi, non so proprio capire quale magica forza mi abbia sostenuto in quei momenti: ero distrutto, però c'è l'abbiamo fatta. Ammiro tutti i genitori del mondo.

Giovanni Maria aveva ormai quattro anni e tutto sembrava nuovamente sereno: era cresciuto e oramai ci lasciava dormire abbastanza la notte. Il lavoro procedeva bene e, addirittura, stavamo aspettando un nuovo bambino.

Eravamo nella terza settimana di agosto, ed era una giornata molto grigia e fredda per il mese, inconsueta direi. Stavamo completando un lavoro e in mattinata avevamo applicato il colore esterno alla facciata di una casa. Andammo a pranzare e, quando tornammo al cantiere, iniziò purtroppo a piovere. Come era di routine in questi casi, decidemmo di coprire il lavoro appena svolto perché la pioggia non lo rovinasse, perciò mi arrampicai sul tetto della casa e, una volta raggiunto il punto più alto, feci scendere lungo i fianchi dell'immobile dei teli di plastica protettivi.

Quando oramai avevo srotolato i teli sotto la pioggia battente, cominciai però ad avere delle forti vertigini che mi fecero perdere completamente l'equilibrio. Riuscì a mala pena a scendere piano piano dal tetto e la fortuna fu che ero comunque assicurato con appositi sistemi di sicurezza.

L'unica cosa che riuscì a fare una volta sceso fu quella di sdraiarmi per terra e aspettare. Restai disteso penso per almeno due ore, ma i giramenti, che oramai erano passati, mi avevano lasciato un grande malessere e una certa inquietudine. Decisi perciò che dovevo tornare a casa. Quando rientrai, l'unica cosa che sentivo in quel momento potesse farmi bene era quella di andare direttamente a letto per riposare, sicché dissi a mia moglie che ero molto stanco, per non farla preoccupare e mi coricai.

Avevo dormito tutta la notte profondamente, ma il giorno successivo, una volta alzato, ancora non mi sentivo bene: percepivo un po' di malessere dovuto all' evento accadutomi il giorno prima.

Vista la mia situazione famigliare, essendo padre di un bimbo di 4 anni e con una moglie in dolce attesa di soli due mesi, pensai che forse era giusto fare qualche analisi di controllo. Andai dal dottore e, dato che avevo un difetto congenito al cuore dalla nascita che mi procurava un leggero soffio, pensai di iniziare così il giro dei controlli. Mi fissarono perciò la visita e mi presentai il giorno dell'appuntamento al centro medico, dove dovevo fare un ecodoppler.

Il medico mi fece accomodare sul lettino e cominciò a visitarmi, ma subito intuii, scrutando il suo viso che si faceva sempre più serio guardando il monitor, la gravità della situazione.

Le mani iniziarono a sudarmi e ricordo bene, soprattutto le sue parole. Avevo la valvola aortica bicuspide da quando ero nato (in me questa valvola anziché avere tre lembi, ne aveva due) che lì per lì non aveva mai rappresentato un problema, ma con il passare degli anni questa valvola si era calcificata (ovvero l'organismo aveva depositato su di essa del calcio) restringendone la portata per il 93%, ossia stavo vivendo con il 7% delle sue possibilità di far passare il sangue: è come se un cammello fosse passato per la cruna di un ago.

In quell'ambulatorio dall'aria fredda e incolore, illuminato dai neon che conferivano all'ambiente un'aria ancora più gelida, il responso del dottore sembrava una condanna a morte e un brivido mi avvolse dalla testa ai piedi: «Signor Brazzale, lei è affetto da una stenosi aortica severa, mi dispiace, deve trovarsi subito un buon cardiochirurgo, non ha altra scelta».

Uauuuuu!!! Si stava parlando di un intervento a cuore aperto con alle spalle un bimbo di quattro anni, una moglie in dolce attesa e un'attività in proprio: fantastico!!!

Ricordo che appena finita la visita mi sentii davvero smarrito, non tanto per l'intervento, quanto perché dovevo dare questa terribile notizia ai miei cari, alle persone che mi volevano bene e avrei procurato loro un grande dolore.

Mi avviai verso casa molto sconvolto e pensai che forse, prima, dovevo passare dai miei genitori per avvisarli. Fu il giorno più nero della mia vita. Arrivai da loro e, come sempre, mi accolsero in casa (i genitori sono gli unici che non vi abbandoneranno mai, credetemi, qualunque sia la vostra esperienza) e subito capirono che qualche cosa non andava bene, perciò confidai loro l'accaduto.

Per loro non fu cosa facile da accettare, ma la vita a volte può riservare delle sorprese assai amare, in quei momenti magari non possiamo comprendere quello che ci sta accadendo, dobbiamo soltanto avere *fede*. Ricordo il dolore del babbo e poi la mia povera mamma che voleva prendersi la responsabilità per quello che era accaduto, per non aver dato peso a quel difetto congenito consigliandomi dei controlli periodici: dovetti rincuorarla e assicurarle che tutto sarebbe andato sicuramente per il meglio.

Li lasciai in preda al più totale sconforto e mi si strinse il cuore. I miei genitori erano stati avvisati, ma ora toccava a mia moglie: non sapevo quali parole usare, come pormi, o meglio forse si, dovevo fare un passo alla volta, *restando ancorato al momento presente.* Arrivato a casa, esposi subito la situazione, con voce rotta dall'emozione: ci fu immediatamente molto sconforto e confusione da parte di tutti noi, ma dopo poche ore mia moglie prese in mano la situazione in maniera superba. Raccolse le idee, per capire *come* uscire dalla quella situazione di crisi e cominciò subito a chiamare esperti e persone di sua conoscenza che ricordava avessero sofferto a vario titolo di problemi cardiaci. Ancora una volta, l'attitudine di porsi le giuste domande per addivenire ad una soluzione, anziché "strapparsi" i capelli per l'accaduto, fece una differenza abissale.

Fra i vari contatti, spiccò infatti il nome di un noto luminare, il Prof. Frigiola, come grande esperto del settore. Enrica non perse un attimo di tempo e contattò subito l'ospedale dove il Professore lavorava, ma provate a immaginare la lista di attesa di un medico noto a livello internazionale. Durante la telefonata, mia moglie espose la grave situazione e la segretaria dall'altra parte magicamente riferì: «Signora, guardi, proprio questo lunedì mattina è saltato un appuntamento con il dottore, se riuscite a presentarvi per le ore 9:00, vi aspettiamo».

Il lunedì partimmo molto presto da casa. Ricordo che, in quel momento, avevo molti pensieri per la testa. Tutti in famiglia speravano che il Professore avesse una soluzione e magari riuscisse a evitare l'intervento al cuore. Ci accompagnò anche mia sorella che casualmente (o forse no) era in ferie perché quel giorno, l'8 settembre, era la festa della Madonna di Monte Berico, la Santa protettrice di Vicenza (la mia città) e dei sui abitanti e pertanto tutte le aziende erano chiuse.

Arrivammo all'ospedale dove ci stavano aspettando per la visita. Ci fecero entrare: eravamo io e mia moglie. Il dottore cominciò la visita e volle vedere tutti i referti che avevo portato e, dopo 10 minuti di attento esame degli incartamenti e dopo avermi seriamente auscultato, mi guardò con aria seria.

Provai ad anticiparlo chiedendogli se, perlomeno, l'intervento si poteva posticipare, ad esempio attendendo la nascita della mia bambina e poi con calma dopo sei, sette mesi… lui mi guardò con aria compassionevole, ma molto, molto "severa" allo stesso tempo e disse "sguainando" il pollice: «Un mese, Signor Brazzale, un mese è già troppo, dobbiamo anticipare il prima possibile. Entro una, massimo due settimane dobbiamo operare, perché se lascio andare uno come lei in giro con una valvola così mal ridotta per sei, sette mesi, ha due possibilità su tre di non arrivare mai all'intervento!!!».

Mi disse che, se c'era posto nella lista d'attesa, non mi avrebbe neanche lasciato andare a casa, ma dopo aver presentato il caso alla segreteria fissammo il ricovero dopo 10 giorni. L'intera mia vita si era come fermata in quello stesso momento e vedevo tutto ciò che ero stato prima, da quando ero bimbo fino alla maturità, come un film che mi scorreva davanti agli occhi. Ringraziammo e tornammo a casa, accettando la diagnosi con *serenità,* sapendo di essere nelle mani di un luminare.

Ricordate, cari amici, quando dovete affrontare una grande prova nella vita, che sia una sfida di salute o di lavoro, una faccenda personale di qualsivoglia natura, o un momento di cambiamento spirituale, *dovete affidarvi ai migliori nel loro campo qualsiasi sia il prezzo da pagare*, in termini economici o personali. Le risorse per attingere a tutto questo verranno da sé, *se avrete assoluta fede*, ve lo garantisco.

Mi sarei potuto affidare a un ospedale più vicino a casa, con medici di comprovata esperienza, ma scelsi il meglio del meglio, una struttura e un professore con migliaia di interventi di successo alle spalle per un problema come il mio, anche se questo comportò il trasferimento di tutta la famiglia a Milano (moglie in dolce attesa in preda alle nausee, figlio piccolo e le amate suocera e sorella che si alternavano l'un l'altra, prendendo ferie dal lavoro, per aiutare mia moglie con il bambino di quattro anni, vivacissimo, peraltro!).

Fu uno sforzo economico e personale grande ma, come vi dicevo, quando si mantiene *un'attitudine positiva e un profondo senso di gratitudine* per essere ancora vivi, anche le risorse arrivano da sé. Nonostante non potei completare molti lavori con il mio socio in quell'anno, lui molto generosamente decise comunque di dividere a metà l'utile e la mia assenza di lavoro protratta nel tempo non pesò, pertanto, sul bilancio famigliare.

Ricordate, cari amici, *la gratitudine è la via maestra*. Anche nella peggiore delle situazioni, nonostante ciò vi causi uno sforzo sovraumano, dovete manifestare almeno un pensiero di gratitudine: scovatelo.

Prendete un *impegno con voi stessi: ogni giorno stilate a penna un elenco di tre cose per cui essere grati e un elenco di tre persone da ringraziare. Poi passate all'azione: chiamate queste persone e dite loro grazie.* La vostra vita cambierà in maniera sorprendente se, ogni giorno, innescherete questa routine.

Se non intendete farlo veramente, non iniziatelo nemmeno. Come ho più volte detto, intraprendere un cambiamento, senza portarlo a termine, innesca una tendenza assai pericolosa: l'abitudine a fallire. Se invece lo farete, ringrazierete voi stessi per il resto dei vostri giorni!!!

Mantenendo pertanto la mente tranquilla e un profondo senso di gratitudine per non essere passato a miglior vita, nonostante le altissime probabilità che avevo, tanto ero malconcio, i dieci giorni che precedettero l'intervento furono molto intensi, ma animati da una serena consapevolezza: non avevo paura, non ero felice, ma cercavo di prepararmi a quello che sarebbe successo, l'intervento e poi la riabilitazione. Tutto il resto sarebbe venuto dopo.

Il giorno del ricovero partimmo come da programma con mia moglie, mio figlio e mia suocera che mi seguirono prendendo in affitto, a pochi metri dall'ospedale, un piccolo appartamento. Mi sottoposero a tutte le visite di routine in vista dell'operazione e a svariati prelievi di sangue che, per uno come me, che non vi era per niente avvezzo (gli ultimi datati di una ventina d'anni) fu davvero molto provante.

Terminati gli esami, la sera mi focalizzai su ciò che mi avrebbe atteso il giorno dopo, *visualizzando l'intervento nei suoi minimi dettagli, a occhi chiusi*. Ricordo la vestizione con il camice bianco, la pre-anestesia, gli infermieri che mi prelevarono dalla stanza con il lettino mobile, il rullio del carrello che mi strideva dentro e mia moglie che mi salutò con aria stanca, ma fiduciosa mentre le porte dell'ascensore si chiudevano dietro di lei e io iniziavo il mio viaggio verso la sala operatoria.

Una delle ultime cose che rammento quando ero disteso sul lettino operatorio durante la procedura di anestesia, è che mi misero la maschera d'ossigeno e lentamente sentivo che me ne stavo andando verso un nuovo stato. Fu allora che mi ricordai di aver studiato che chi sta per andarsene da questa vita, se lo fa ripetendo il nome del Signore non deve più temere nulla, perciò mentre stavo scivolando in quel sonno profondo da cui non avevo la certezza matematica di potermi svegliare, iniziai a ripetere fino all'ultimo momento conscio il nome di Dio, con la certezza interiore che ero guidato e protetto.

Questo fu ciò che esattamente si verificò il giorno dell'operazione, fin nel più piccolo dettaglio: senza mai averlo appreso, *seguendo le mie intuizioni*, avevo messo in atto una delle tecniche che meglio influenza il nostro subconscio e gli eventi conseguenti, la *visualizzazione*.

Il giorno zero, come lo chiamano in reparto, è il giorno della nuova vita cioè quando il paziente si sveglia dopo l'intervento, realizza che è ancora vivo, percepisce nuovamente il suo corpo con tutta la sua dolorabilità dopo una prova così grande e nutre la speranza di essere portato fuori dalla rianimazione verso la camera di degenza il prima possibile, perché ciò significa che tutto sta andando per il meglio.

Non è stato facile e non voglio raccontarvi quanto dolorosa sia stata questa esperienza, in termini sia fisici che morali. L'attesa di mia moglie incinta e mia sorella, con il piccolo Giovanni Maria che faceva i capricci e saltava di qua e di là in sala d'aspetto, fu davvero eterna.

I famigliari degli altri pazienti lasciavano, a uno a uno, la stanza con notizie confortanti dei loro congiunti, mentre mia moglie fu l'ultima rimasta ad aspettare il Professore, che giunse alle 9:00 di sera nella sala ormai vuota, perché l'operazione durò molto più a lungo del previsto e richiese anche una plastica aortica, tanto la situazione era critica.

Enrica non fu mai sola e ricorda ancora la gioia di quel momento nel chiamare, dopo una trepidante attesa, tutte le persone che con i loro grandi e amorevoli pensieri mi avevano reso grande durante quella prova: la mia famiglia, mia suocera, Giorgio e family, le maestre dell'asilo e tutto un paese che pregava per me. E poi il mio maestro di yoga e gli altri aiutanti del cielo e della terra che furono sempre lì presenti, col pensiero, a darmi una mano.

Non voglio aggiungere altri particolari a questa storia, quanto invece ricordare quanto bella sia la vita e quanto *la fede, la tenacia e i nostri consiglieri invisibili* che ci guidano da qui e dall'aldilà producano miracoli inaspettati. In soli 20 giorni riuscì a uscire dall'ospedale di Milano e giunsi sul Lago di Garda dove mi aspettava la riabilitazione.

In quel periodo, cercavo di fare tutto quello che mi suggerivano i dottori; mi impegnavo negli esercizi, ero ligio nell'alimentazione, *mantenevo un'attitudine positiva e di consapevolezza* per giungere il più rapidamente possibile al mio obbiettivo: tornare presto a casa dalla mia famiglia.

E così fu. La riabilitazione procedette così spedita che in metà del tempo previsto avevo già egregiamente recuperato una buona forma fisica e perciò, con l'approvazione dei dottori, potei prendere finalmente la via di casa: che felicità!!!

La sensazione di avercela fatta era davvero grandiosa: è vero, la vita non era più come prima dell'intervento. Ora la mia situazione era (ed è diversa): devo prendere farmaci tutti i giorni e tenermi monitorato spesso, in quanto il post intervento richiede, a vita, un'attenta *disciplina*. Comunque tutto procedeva per il meglio e, dopo pochi mesi, ero già al lavoro nei miei cantieri.

Non era semplice, anche perché le mie condizioni di salute non erano ancora ottimali. Avevo problemi di equilibrio e da fermo mi sentivo dondolare. Ricordo che quando salivo sulle scale dovevo porre la massima attenzione per non cadere. Era una cosa molto spiacevole, ma decisi comunque di non raccontare a nessuno, nel mio ambiente di lavoro, quello che avevo subito.

Volevo vivere una vita normale senza la compassione dei conoscenti che poi, in realtà, si manifestava sotto forma di pena, un sentimento molto pericoloso e distruttivo. Così, insieme alla mia famiglia, decidemmo di non rendere pubblico l'accaduto al di là delle persone più vicine e agli amici del paese e procedere come se nulla fosse stato.

La vita era in ripresa e, nel frattempo, era nata anche Alma Lucia, la mia meravigliosa femminuccia che, fortunatamente, prometteva delle notti (un po') più serene di quelle del nostro primogenito. Sapevo però che il mio fisico stava facendo fatica, soprattutto la sera mi sentivo molto stanco. I farmaci che prendevo e che tutt'ora assumo, toglievano potenza al mio cuore abbassandone artificialmente i battiti, per non farlo lavorare troppo.

Sentivo, con certezza, che la vita di cantiere al freddo e al sole, a montare e smontare ponteggi, trasportare vasi, sollevare pesi avrebbe, se protratta nel tempo, accorciato seriamente la mia di molti anni: dovevo correre ai ripari. Ero stato graziato a non morire di infarto in cantiere, nonostante gli sforzi fisici e una valvola totalmente compromessa perché questo, come mi disse il Professore che mi operò, sarebbe potuto succedere in qualsiasi momento prima dell'intervento. *Non avevo altri bonus da giocare.*

Iniziai a pensare che dovevo trovare una soluzione e cominciai a chiedermi in maniera *ossessiva: come fare per lavorare meno, come guadagnare abbastanza denaro per mantenere la famiglia e vivere una vita meno pesante, più libera, migliore? Come riorganizzare il mio lavoro, in maniera nuova, per adeguarlo al nuovo me stesso, ai miei bisogni e alle mie mutate condizioni di salute?* Quelle domande erano diventate il mio chiodo fisso, il mio mantra, la mia ossessione: certamente non vi fu mai in me un'attitudine negativa o di sfiducia, ma la *ferma certezza* che qualcosa di buono sarebbe arrivato. Quelle domande così formulate, senza rimuginare sul problema, senza chiedersi il perché mi fosse piovuta addosso una "prova" così grande stavano, inconsapevolmente, mobilizzando in me nuove risorse interiori.

La risposta giunse anche se per vie contorte, con svariati intoppi e qualche pit stop forzato, ma arrivò forte e chiara a tempo debito. Si può dire che entrò dalla porta di servizio, come spesso capita alle grandi opportunità che si manifestano dopo prove e difficoltà.
Ora vi racconto cosa accadde.

Un mio fornitore stava cercando di sviluppare un nuovo prodotto per aumentare l'assorbimento acustico di ambienti frequentati da molte persone. Sembrava una bella possibilità per uscire gradualmente dalla vita "nuda e cruda di cantiere" anche perché lui aveva bisogno di qualcuno che implementasse l'applicazione del prodotto adattandola a differenti contesti e superfici.

Valutai bene la situazione e mi proposi di aiutarlo nel lavoro: avevo ben chiaro il mio obbiettivo (o meglio lo credevo) e gli dissi che nell'arco dell'anno volevo diventare il numero uno degli applicatori acustici d'Italia. Cominciammo così a lavorare nell'applicazione di questi pannelli fonoassorbenti e ben presto il mio socio e io ci trovammo impegnati in numerosi cantieri che tuttavia gestivamo con grandissima difficoltà, in quanto il materiale prodotto dall'azienda non era abbastanza sviluppato e dovevamo intervenire soprattutto con la nostra esperienza, inventando molto spesso nuove soluzioni applicative per fare sì che i lavori venissero eseguiti a regola d'arte.

Dopo un anno, i risultati cominciarono ad arrivare. Seguendo i nostri consigli, il produttore stava sviluppando il prodotto che risultava sempre più performante e facile da applicare e nella nostra rubrica iniziammo ad annotare appuntamenti con importanti architetti a livello nazionale e internazionale. Inoltre, un progetto dove noi avevamo sviluppato l'applicazione di tale sistema acustico all'interno di un noto ristorante di Torino avevo vinto un prestigioso premio, classificandosi primo su 80 progetti a livello internazionale. Contemporaneamente, portavamo avanti la nostra attività di restauro, finiture d'interni ed esterni e risparmio energetico in cui io, tuttavia, un pochino alla volta stavo "passando il testimone" perché mi era stato vivamente consigliato di essere accorto con lo spostamento di carichi e pesi.

Nel frattempo, mia moglie e io, stavamo cercando casa per poter godere di uno spazio più grande per noi e poi volevamo anche un bel giardino dove i nostri bambini avrebbero potuto giocare tranquilli e sicuri. Un giorno, un nostro amico agente immobiliare ci convinse di partecipare a un'asta immobiliare, dove riuscimmo ad aggiudicarci un bellissimo immobile, una villa molto signorile ai piedi delle colline, con ampi spazi interni e un magnifico giardino. Era una casa stupenda, pagata il 40% circa sotto il prezzo di mercato, in cui tuttavia tardammo a traslocare per vari motivi logistici legati all'organizzazione famigliare (forse, col senno di poi, fu proprio un segno del destino…).

Poco tempo dopo, infatti, successe che M., un nostro caro amico, mi chiese se potevo aiutarlo a ridipingere un immobile che aveva acquistato per rivendita. M. aveva da poco iniziato degli "strani corsi di Libertà finanziaria" (così pensavo al tempo) per questo tipo di attività, il *flipping*, ossia acquistare a basso valore un immobile per rivenderlo poi, dopo averlo sistemato in breve tempo, creando una plusvalenza.

Gli dissi che andava bene, che lo avrei aiutato nel sistemare questa abitazione dove mi accompagnò, qualche giorno dopo, per prendere le misure. Quando mi trovai di fronte alla casa a schiera acquistata dal mio amico rimasi alquanto perplesso: pensai che era davvero molto brutta e in un posto ancora più brutto, soprattutto: chi mai verrebbe a vivere qui, riflettei tra me e me!!!

In ogni caso procedemmo, sistemando l'immobile come ci avevano commissionato e consegnandolo nei tempi richiesti. Quella stessa sera mi disse che l'avrebbe messa in vendita e io ragionai: sì certo, la vuoi vendere, ma chi te la comprerà mai? Gli chiesi anche a quanto e come l'avrebbe venduta e mi rispose lasciandomi ancora più esterrefatto, sia per la cifra richiesta (davvero molto, pensai, per un immobile del genere) che per il canale di vendita usato, (in versione fai da te senza appoggiarsi, almeno per un primo momento, agli agenti immobiliari).

Era un giovedì sera: pensai che sarebbe stata davvero una *mission impossible* concludere quella vendita. Avevo una lunga esperienza nella sistemazione degli immobili ed ero uno dei migliori della zona, forse il migliore in questo campo, sapevo ormai che cosa chiedeva la maggior parte della gente in termini di finiture d'interni ed esterni e soluzioni abitative, conoscevo dai miei clienti quanto pagavano le case, i luoghi più gettonati etc., sapevo, sapevo, sapevo, sapevo, sapevo, sapevo, sapevo!!! Sapevo troppo!!! E questo era il mio più grande limite!!! Il mio tarlo!!!

Infatti, nonostante eccellessi nel mio campo, avendo frequentato delle ottime scuole di restauro, appreso da grandi maestri d'arte e applicato seriamente per più di quindici anni di attività lavorativa, purtroppo non riuscì davvero mai a spiccare il volo! Avevo un'attività ben avviata certo, ma depotenziata rispetto alle capacità mie e del mio socio: c'erano ditte che guadagnavano molto più di noi, pur avendo titolari mediamente e oggettivamente incapaci! Perché?

Mentre questa e altre domande simili affollavano la mia mente (già da un po' di tempo per la verità) *quattro giorni dopo aver messo in vendita la casa (cioè una Domenica sera)* M. mi chiamò felicissimo per aver venduto quell'immobile tristissimo in quella zona bruttissima, guadagnando in quattro giorni quanto io intascavo in più di tre anni di lavoro, *tenendo presente che non era un impresario, bensì un dipendente di un'azienda informatica senza alcuna esperienza immobiliare sul campo, ma soltanto con una formazione teorica di circa 10 ore di corso in aula che si era da poco licenziato e aveva avviato questa nuova Ditta di Investimenti Immobiliari.*

Non potevo crederci. Non volevo crederci. Quella notte, ricordo di non aver dormito un minuto. La mattina, incrociai gli occhi di mia moglie appena alzata: pure lei non aveva chiuso occhio. Qualche giorno dopo, ne parlai anche col mio socio, il quale liquidò velocemente la faccenda dicendo che quella di M. era stata solo fortuna e non fu minimamente toccato dall'accaduto.

Io, al contrario, sentivo che il mio amico aveva davvero avviato qualcosa di speciale, di incredibile, perciò *dovetti mettere da parte il mio orgoglio di imprenditore* e chiedergli di farmi capire come avesse fatto e, soprattutto, quali corsi dovevo frequentare per poter ottenere un risultato perlomeno simile.

Io e mia moglie ci confrontammo e decidemmo che dovevamo provare anche noi a intraprendere quella strada per trovare altre fonti di reddito, cosicché mi iscrissi ai corsi che avevano cambiato la vita di M. e che iniziai, poco dopo, a frequentare. Il mio punto di forza, che mi spinse ad andare in quella direzione, era che già lavoravo nel settore. Si trattava solamente di *spostare il focus*: smettere di lavorare per le case degli altri, ma iniziare a comprare e sistemare le proprie.

Appresi molto dai seminari: imparai come pormi obbiettivi ambiziosi, non solo nella sfera professionale, ma in quella umana in senso lato e i modi per dettagliare questi obbiettivi e raggiungerli poi, con flessibilità e leggerezza, apprezzando anche il "processo" che ci porta a quei risultati. Proprio come faceva M. in fondo: programmava per iscritto i suoi obbiettivi annualmente, li declinava poi in obbiettivi mensili e giornalieri, utilizzando le visualizzazioni per condizionare il subconscio e produrre i risultati attesi. A volte, questi richiedevano una maggiore tenacia per essere raggiunti, altre volte una "correzione" di rotta, ma la chiave di volta era sempre quella di godersi il "viaggio".

Fu così che insieme a mia moglie decidemmo di non andare a vivere nella bella villa che avevamo acquistato (in cui, nel frattempo, si erano palesati dei seri problemi di vicinato e di frazionamento del giardino comune che resero più difficile il trasloco, scoraggiandoci, manco a farlo apposta!), ma bensì di metterla in vendita. Sacrificammo una soddisfazione immediata (abitazione nuova, giardino enorme, ma anche costi per mantenerla, mutuo etc.) per investire in una futura attività immobiliare, che avrebbe garantito a noi e ai nostri figli, nell'arco di cinque anni, con il giusto impegno e la giusta dedizione, *la libertà finanziaria,* ovvero la possibilità di lavorare per scelta, per amore, per passione, ma non per obbligo.

La libertà di avere accesso al proprio talento, alle proprie passioni, ai migliori corsi, alle informazioni più elevate nei più svariati campi, che non si comprano al supermercato o tra le masse, ma richiedono un impegno economico.

Fu una scelta di abbondanza.

Perché abbondanza significa libertà, in particolare le sette grandi libertà:
La libertà di denaro
La libertà di tempo
La libertà di relazionarsi
La libertà fisica
La libertà di perseguire il proprio talento
La libertà di autodeterminarsi nel campo della salute scegliendo le migliori cure e avendo a disposizione le più ampie informazioni
La libertà spirituale

Poteva sembrare strano, molto strano: infatti quando ne parlavo con gli amici, non potevano credermi. C'era chi pensava avessimo preso una fregatura, chi temeva che forse avevo nuovamente dei problemi di salute, per lasciare una dimora così grande, bella e signorile e restare in una piccola casa a schiera. Il tutto generava ancora più pensieri e interrogativi nelle persone, perché anche mia suocera, che ci viveva vicino, aveva venduto la sua casa, per andare a vivere in affitto in un appartamento più piccolo, ma davvero grazioso e avere così più liquidità da investire nella nostra futura attività immobiliare.

Le persone vedevano questi cambiamenti e pensavano vendessimo perché ci eravamo trovati senza soldi, o con problemi di salute, non potendo capire che le persone libere finanziariamente, soprattutto all'inizio della loro carriera, preferiscono non avere denaro impegnato in immobili di proprietà per viverci, ma solo a scopo di rivendita e piuttosto disporre di molte fonti di reddito diversificate.

Sicché, a quel punto, avevamo una buona liquidità da reinvestire nel settore immobiliare: tuttavia non ero convinto pienamente della soluzione, perché si trattava comunque sempre di un cambiamento importante, si era di fronte alla scelta di uscire dalla propria *zona di confort, ed esplorare nuove strade imprenditoriali, mettendo nuovamente in discussione sé stessi.*

Perché smettere di fare il mio lavoro? A me piace lavorare, pensavo… *Certo, avrei potuto e dovuto lavorare con altri ritmi,* come mi imponeva ora il mio fisico e la salute, avendo più tempo per la famiglia, svegliandomi alle sei anziché alle quattro di mattina, pranzando con i miei cari e portando a scuola i figli che mia moglie, per quasi sette anni, dovette gestire interamente da sola con l'aiuto provvidenziale della suocera per supplire le mie frequenti assenze e le sveglie all'alba. Eravamo tutti molto provati dopo quegli anni vissuti a correre incessantemente tra lavoro e figli.

Così, nell'attesa di chiarirmi definitivamente le idee sul mio futuro (e sulla mia identità di imprenditore e di uomo), in qualche maniera continuavo a impiegare il mio tempo e a svolgere il lavoro da artigiano, guardando di tanto in tanto il mercato immobiliare e frequentando corsi e seminari per imparare il più possibile dall'esperienza degli investitori.

RIEPILOGO DEL CAPITOLO 2:

- **RICETTA n. 1:** nei peggiori momenti della vostra vita, *dovete focalizzarvi e visualizzare,* come fosse un film, dove vorreste essere, nel più piccolo dettaglio!!! State affrontando un momento difficile, vi aspetta un'operazione, un incontro determinante, una prova per i vostri figli. Chiudete gli occhi e, come fosse un film, *immaginate la scena in tutti i suoi particolari, ascoltando le sensazioni che provate.* Sentite quello che dite, vedete le persone che avete intorno, la stanza in cui siete e, naturalmente, *immaginate che tutto vada per il meglio.* Sentitevi come se foste già ciò a cui aspirate e agite di conseguenza.

- **RICETTA n. 2:** quando tutto intorno a voi sembra crollare, avete bisogno d'aiuto: *è allora che vi serve un mentore* (potrebbe essere un medico, una guida spirituale, un coach) in qualsiasi campo. In questo caso, *dovete cercare i migliori,* qualsiasi sia il prezzo da pagare (in termini personali o finanziari).

- **RICETTA n. 3:** *c'è sempre un qualcosa per cui ringraziare:* forse siete malati, ma magari avete un buon lavoro o una pensione che vi consentono di sostenere tutte le cure, o avete chi vi ama affianco. Sarebbe molto peggio essere soli! Oppure avete perso il lavoro, ma la vostra famiglia è in salute. La gratitudine attira benessere, risultati positivi e ha il potere di muovere le montagne. Ricordate: mia moglie trovò una disdetta dal grande professore che mi operò, la cui lista d'attesa era infinita. Dopo aver scoperto che sarei morto senza l'intervento, ringraziai ogni minuto per essere ancora vivo ed essere arrivato in tempo. Il resto è storia.

- **RICETTA n. 4:** *I più grandi limiti al nostro successo e alla nostra realizzazione professionale sono rappresentati non da ciò che non sappiamo, bensì da ciò che sappiamo!* Disimpariamo per imparare!!! E abbandoniamo l'orgoglio che ci allontana dal successo e dal cambiamento.

- **RICETTA n. 5:** *Continue occasioni per trasformare la nostra vita si presentano davanti a noi a portata di mano*: le idee da un milione di dollari (e non solo in termini monetari!) sono più vicine di quanto si pensi. Alcuni le colgono, altri le lasciano andare: tutto dipende dai nostri pensieri, dai nostri condizionamenti, dal nostro vissuto: per ottenere successo, denaro, salute o un qualsiasi cambiamento duraturo nelle nostre vite, dobbiamo riprogrammare i nostri pensieri.

- **RICETTA n. 6:** *Copiate dai migliori*: studiate le abitudini delle persone di successo che conoscete, in qualsiasi campo esse si siano realizzate. Se volete diventare ricchi, studiate le storie dei grandi ricchi, se aspirate alla saggezza e alla crescita spirituale, leggete le storie dei saggi e dei grandi maestri. Se avete un problema di salute, cercate chi ha sperimentato situazioni simili alla vostra e ne è uscito, per ricavarne preziosi consigli e insegnamenti. Potete anche leggere le biografie dei personaggi del nostro tempo che hanno innovato il nostro modo di vivere in senso ampio partendo, spesso, dal nulla (Steve Jobs, Andrew Carnegie, Philip Knight solo per citarne alcuni). Se qualcuno tra i vostri conoscenti ha avuto successo o conduce comunque una vita piena ed equilibrata, in salute e benessere, osservatelo con cura: guardate come e cosa mangia, siede, fa la spesa, parla, cammina, ascoltate i suoi pensieri, i modi in cui formula le frasi, i libri che legge, i corsi che frequenta, i viaggi che fa, il modo con cui parla ai figli. Traetene un modello e imitatelo e chiedete come fare per emularlo: sarà ben felice di aiutarvi perché sa che aiutando voi, sta in realtà aiutando sé stesso.

- **RICETTA n. 7:** *ascoltate tutte le critiche o i dubbi che provengono da chi vi circonda (amici, famigliari, conoscenti)* *con fermezza e distacco:* quando si instaura un cambiamento, questo destabilizza non solo noi, *ma ancor di più* chi ci circonda perché frantuma vecchi schemi mentali creandone di nuovi che i più, non sono generalmente propensi ad accogliere perché ciò vorrebbe dire, in primo luogo, mettere in discussione sé stessi. Allora ci piovono addosso critiche, dubbi e quant'altro: ringraziate con amore, ma ignorate.

Frase del cambiamento: Trovo un mentore che mi prenda per mano, mi tocchi la mente, mi apra il cuore.

Frase del cambiamento: «Le convinzioni più delle bugie, sono le nemiche peggiori della verità» (Friedrich Nietzsche).

Frase del cambiamento: Dovunque tu stia andando, ci sei già. Visualizzalo.

Frase del cambiamento: La chiave della fortuna è la parola "grazie".

Capitolo 3:
Come trovare un senso al corso degli eventi

«Poiché tutto è un riflesso della nostra mente, tutto può essere
cambiato dalla nostra mente»
(Buddha)

I giorni passavano veloci e all'inizio del nuovo anno i mercati erano un po' fermi. Anche nella nostra attività di sistemi acustici i lavori non prendevano il largo nella misura che ci saremmo aspettati, benché il prodotto fosse davvero strepitoso avevamo molti preventivi in ballo, ma tutto sembrava cristallizzato quando dal dire si doveva passare al fare. Il produttore confermava anche lui un momento di stallo.

Decisi perciò di prendermi una decina di giorni di vacanza, così insieme alla mia famiglia partimmo per un viaggio. Quando ritornammo dalle ferie ancora tutto sembrava fermo: infatti, insieme al socio, decidemmo di procedere nuovamente con una tipologia di lavori che avevamo accantonato da tempo, per supplire a questo *pit-stop* forzato.

Un giorno venni contattato a sorpresa da un collega che mi chiese cosa stava succedendo in quanto, il nostro fornitore di sistemi acustici, andava a pavoneggiarsi con altri colleghi mostrando foto di lavori che stava svolgendo con altre squadre, senza informarci. Senza dire nulla, feci finta di non sapere quanto stava accadendo e decisi di andare a trovare il produttore per capire cosa diavolo stava tramando alle mie spalle. Questo perché, a noi diceva che non c'era lavoro e che era tutto fermo e invece c'erano altri che stavano applicando questo sistema acustico e lavorando assai.

Mi recai presso la sua ditta dove lo trovai a dirigere i suoi operai e cercai di avere più informazioni. Chiesi se alcuni lavori dove stavamo aspettando risposta per l'inizio dell'anno avessero trovato conferma, ma la risposta datami fu: niente, tutto fermo. Allora chiesi chiarimenti in merito alle informazioni che mi erano giunte per vie traverse, ovvero avevo saputo che in realtà altre squadre stavano applicando quel prodotto e che noi, in una qualche misura, eravamo stati "fatti fuori".

Questa per me non era in realtà una tragedia in quanto questa situazione l'avevo già immaginata e appunto tempo addietro gli avevo chiesto una royalty sul venduto, una volta che il prodotto fosse stato abbastanza sviluppato per essere applicato da altri.

La risposta fu alquanto bambinesca e infantile del tipo: *dove sei stato fino ad adesso, non ti ho più visto… eh, io nel frattempo ho lavorato e tu non c'eri etc.…* (si intendeva per il periodo della vacanza, viaggio di 10 gg…). In vacanza! Gli risposi, per solo dieci giorni!

E poi, naturalmente, gli parlai del nostro contratto verbale, delle royalties promesse sul venduto con una vigorosa stretta di mano che per me valeva più di mille parole scritte su un foglio, perché era un patto suggellato da una vecchia amicizia e da una stima reciproca. Mi replicò che io i miei soldi li avevo già guadagnati quando avevo effettuato i lavori e che lui era in perdita sicché preferiva vendere ai magazzini edili, e che se avesse avuto ancora lavori particolari mi avrebbe chiamato.

Quante balle!!! Senza il contributo del mio socio e mio quel sistema acustico non avrebbe mai e poi mai trovato un'applicazione massiva tale da consentirne la distribuzione. Ricordo i mal di stomaco per metterlo a punto, le notti insonni a pensare a nuove modalità per applicarlo in maniera più veloce, le lunghe trasferte lontano da casa per portarlo ovunque fosse richiesto, la fatica nel lavorarlo e poi......i sacrifici di tempo, sforzo fisico, stress, tutti aspetti da cui avrei dovuto stare lontano, per il mio bene e per la mia salute.

Vi ricordate, quando nell' introduzione vi dissi di stare attenti ai millepiedi? Eccone il perfetto esempio. Ammetto, anche io commisi degli errori, ad esempio quello di essermi fidato di una parola d'onore, non redigendo da subito un contratto. Ed essermi affidato alla reciproca fiducia! Che grande calcio nel sedere fu! Che batosta! Che bastonata!

Mi sentivo proprio a terra, deluso e dispiaciuto: mesi e mesi di lavoro e sacrifici bruciati; avevo regalato ancora una volta il mio tempo e la soluzione per un nuovo business a qualcuno che non aveva pagato un centesimo per questo, ma cosa potevo fare? E allora, insieme al mio socio Davide, decidemmo ancora una volta di ripartire dalle nostre competenze, ci rimboccammo le maniche e ricominciammo a svolgere, prevalentemente, quello che sapevamo fare da anni: tuta bianca e pennello alla mano riprendemmo il filo, mai interrotto, del restauro e delle finiture d'interni ed esterni.

Ritrovammo un vecchio cliente che ci commissionò il restauro e la ritinteggiatura della casa, una villa di importanti dimensioni che ci avrebbe occupato buona parte dell'anno. Percepivo tuttavia qualcosa di strano in me, in quanto, durante l'esecuzione di questo lavoro, cominciai ad avere degli attacchi di fibrillazione al cuore: erano continui e per molte occasioni al giorno. Provai anche ad aumentare i farmaci che utilizzo abitualmente per mantenere il battito cardiaco basso, ma niente sembrava funzionare o essere risolutivo.

Pensavo all'accaduto sul lavoro e alla salute e mi venne un pensiero illuminante: forse che il mio fisico mi stava avvertendo di qualche cosa, o meglio, vuoi forse che io dovevo definitivamente chiudere con questa attività e intraprendere nuove strade?

Sembrava assurdo, cercavo delle risposte difficili da interpretare, così pensai di andare da una persona a me e alla mia famiglia molto cara, Daniela, una farmacista molto esperta, con il dono di un'approfondita conoscenza dell'omeopatia e della fitoterapia e molto, molto altro ancora.

Quando la incontrai, esposi la mia situazione dal punto di vista cardiaco e lavorativo e chiesi se, secondo lei, qualcosa stesse cercando di farmi cambiare lavoro e abbandonare il seminato per il nuovo. Lei, con un grande sorriso, mi disse: «Finalmente hai imparato ad ascoltare il tuo corpo». Vi assicuro, qualcosa stava prendendo sempre più coscienza in me.

Il giorno dopo andai in cantiere e, non senza dispiacere, avvisai il mio socio e amico Davide, con cui avevamo condiviso gli ultimi quattordici anni di lavoro, la nascita dei nostri figli, le difficoltà, i successi, i reciproci cambiamenti, insomma quasi un quinto della nostra vita, che non potevo proseguire con il nostro rapporto di società in quanto la mia salute non me lo permetteva più.

Molto probabilmente qualcuno potrà pensare che ero stanco del lavoro o che ero stressato per l'accaduto, insoddisfatto, perché nonostante le nostre indiscusse capacità (e questo a detta di tutti), alla fine dell'anno tra tasse, contributi etc., il nostro guadagno non era commisurato allo sforzo profuso, pur fatturando molto. No, non era questo.

Infatti, dopo la scelta di chiudere l'attività, nel giro di una giornata gli attacchi di fibrillazione si erano ridotti a due o tre per sparire completamente nei successivi due giorni. Da allora non mi è mai più capitato.

Alla luce di questa esperienza e di questa fragorosa battuta d'arresto professionale che mi capitò di subire a seguito dei problemi di salute e non solo, prima di proseguire, vorrei spendere due parole su questo terribile mostro, il fallimento.

Rimasi folgorato quando lessi questa frase di Nikola Tesla:

«I nostri successi e i nostri fallimenti sono tra loro inscindibili, proprio come la materia e l'energia. Se vengono separati, l'uomo muore».

Ciò che ho realizzato, analizzando la mia storia, è che il fallimento, in realtà, non esiste. Il fallimento non vi travolge come esseri umani nella vostra interezza, ma è una battuta d'arresto in uno dei ruoli che rivestite nella vostra vita: imprenditore, padre, madre, figlio, moglie, marito, sportivo, amico, lavoratore, risparmiatore etc... *Riguarda un aspetto di voi, ma non voi. Ed è solo uno stato di passaggio che, a un certo punto, evolve verso qualcosa di diverso.* Alcuni lo chiamano appunto inverno, proprio perché passa e lascia spazio a un'altra stagione, la primavera, a cui segue l'estate dove si potranno raccogliere i frutti di questa trasformazione!

Ho conosciuto imprenditori che in questo frangente si sono mortificati, rovinando sé stessi e la loro famiglia, richiudendosi a riccio a scopo di difesa. Molti avevano moglie e figli in salute, una bella casa, possedevano più del necessario, ma poi... gli affari iniziarono ad andare meno bene del solito, dovettero chiudere l'attività, trovare un nuovo lavoro e di lì inizia il vorticoso processo dell'autodistruzione: qualche bicchiere di troppo, troppe mani alzate, indifferenza verso i figli e la moglie... e questo perché?

Per un problema (per quanto grande a volte) in una sola area della propria vita, si va a distruggere tutto! Che assurdità! Che peccato imperdonabile!!! E quante ne ho viste di situazioni così!!!

Per questo, in realtà non credo esista il fallimento, ma soltanto i falliti, quelle persone che non vogliono uscire dallo stato di vittime che si sono costruiti e tentano di sopravvivere alla meglio, magari distesi sul divano di casa, in letargo dentro al bozzolo (vi ricordate, nell' introduzione, quando parlavo di quei bruchi che non diventano mai farfalle) per la paura, l'apatia, il vuoto interiore.

Non siete voi a essere falliti, ma sono le vostre paure, i pregiudizi e i condizionamenti che vi sono stati inculcati fin da quando eravate piccoli (non fai mai nulla di giusto, sbagli sempre, non diventerai nessuno, sei sempre il solito etc. etc...) che condizionano il vostro mondo e vi parlano di fallimento. Voi ascoltate e vi identificate con essi. Ecco perché l'educazione e gli *imput* che diamo ai nostri figli fin dalla più tenera età, così come quelli dati dal sistema scolastico o dagli insegnanti, sono ben più importanti della genetica o anche delle capacità personali nel condizionare, in positivo o negativo, il nostro futuro.

Dovete restare nel presente, la vita è qui e ora, non in quello che vi hanno detto. In fondo, pensate a una partita di calcio: puoi prendere un goal, forse anche due, ma mica la partita è persa… c'è sempre tempo per pareggiare e vincere. Pensate alla partita dell'Italia *vinta al 90esimo* contro l'Ungheria allo stadio Filadelfia di Torino, il 13 dicembre 1931, una partita vinta dall'Italia per 3-2. Sapete, uno dei mentori fantastici che ho avuto mi augurò, come imprenditore, di vivere un fallimento, «È un passaggio essenziale», mi disse (ricordo ancora il segno scaramantico che feci…).

«Ho sempre tentato. Ho sempre fallito. Non discutere. Prova ancora. Fallisci ancora. Fallisci meglio».
(Samuel Beckett)

Non capivo il perché di tale crudele consiglio, ma poi, dopo esserci passato, sia per le grandi prove di salute, che di lavoro subite, posso condividerlo al 100%.

Immaginate l'Araba Fenice che risorge dalle sue ceneri più forte di prima. Oppure, per restare più sul pratico, pensate all'albero del ciliegio: il magnifico ciliegio, che ci dona uno dei frutti che preferisco. Il seme del ciliegio, quando viene seminato, non dà vita a nessun albero a meno che, ascoltate bene, questo seme non attraversi un periodo invernale sottozero per alcuni mesi. Solo a quel punto può germinare. Per germogliare, deve passare questa esperienza di freddo e gelo, perché nelle sue memorie interne c'è questa regola. È programmato così.

Siate anche voi come il nocciolo del ciliegio, guardate all'inverno come a una stagione di mezzo che vi sta addestrando a farvi crescere a nuova vita.

Per me è stato fondamentale mettere in atto il seguente esercizio pratico, nei momenti più bui della mia attività professionale e della mia vita: è possibile che in una qualche area della vostra esistenza, la fortuna vi abbia fatto il pollice verso, trovatela e isolatela dal resto. Una volta al giorno prendete un foglio e scrivete in modo molto sintetico (davvero cinque minuti) da un lato del foglio il ruolo della vostra vita in cui sentite che avete o siete falliti (imprenditore, padre, madre, partner, stato di salute) mentre, sul retro del foglio, individuate almeno altri tre ruoli della vostra vita in cui state facendo bene.

(Potresti aver divorziato, ad esempio e il tuo ruolo di coniuge è stato messo a dura prova, ma magari eccelli come genitore perché, hai saputo mantenere un ottimo rapporto con i tuoi figli, nonostante la separazione dal partner). Ti sorprenderai nel vedere *che tu non fallisci mai, ma è solo un ruolo*, dei molti che rivesti, che ha subito un pit stop forzato.

Puoi anche elencare tre persone che ti hanno ferito, tradito o reso la vita difficile o contribuito al tuo insuccesso o fallimento e per ciascuna scrivi almeno tre cose positive che hai appreso. Ti sorprenderai dovendole, (a malincuore), ringraziare. Scrive il grande Edison, l'inventore della lampadina, a cui vi giunse dopo più di 10.000 tentativi, ed è forse l'uomo con il maggior numero di insuccessi alle spalle: tentava, falliva, riprovava ancora finché non riusciva: «Se ho fatto una cosa in 10.000 modi diversi e non ha funzionato, non ho fallito. Non sono scoraggiato. Perché ogni prova andata male, è un passo in avanti».

Questo fu l'atteggiamento mentale che adottai, dopo aver chiuso la mia attività dopo quattordici anni di onorato servizio ai miei clienti, non senza un certo nodo alla gola e un pugno allo stomaco, *ma certo che tutto questo aveva comunque un senso ed era sempre per il meglio.*

Decisi di prendermi pertanto un breve periodo di riflessione, per capire quale direzione prendere.

Nel frattempo, dato che avevamo anche il capitale ricavato dalla vendita della villa in cui mi sarei dovuto trasferire con la famiglia, avevo visionato altre soluzioni da acquistare. D'altronde, anche se ancora non ne ero convinto fino in fondo, pensavo di procedere con le operazioni immobiliari creando una nuova società come avevo imparato durante i corsi di libertà finanziaria.

In quello stesso periodo, avevamo anche concluso un preliminare per l'acquisizione di un appartamento che era davvero molto brutto. Si presentava vecchio, pieno di muffa, con moquette sporca, puzzava dei più svariati odori: chiunque lo vedeva se ne guardava bene dall'acquistarlo. Appena l'agente me lo presentò mi illuminai. È tutta una questione di convinzioni o meglio, dipende da dove poniamo l'attenzione: c'è chi vede i difetti e li vede come ostacoli e chi nei difetti vede le opportunità!

Si trattava di un eccellente investimento immobiliare: un tricamere al piano primo, in una zona ben servita vicino a scuole, supermercati, farmacie e a negozi di abbigliamento. Inoltre, era anche molto vicino a delle importanti vie di comunicazione: ottimo per una famiglia di 4 persone.

La cosa interessante è che il venditore voleva sbarazzarsi dell'immobile in quanto doveva saldare delle spese di successione e quindi lo vendeva a prezzo ribassato: gli immobili per molte persone, (tranne che per gli investitori) sono un peso, tasse, manutenzioni, etc..

Inoltre, avevo stimato che, una volta sistemato, avrebbe acquisito un valore di mercato ben più alto. Un aspetto da non sottovalutare, è che avremmo tolto un grosso peso al vecchio proprietario che aveva bisogno di liquidità per saldare alcune spese.

Ho citato la compravendita di questo immobile perché, il nuovo compratore, non chiese nemmeno un euro di sconto e in tempo di Covid, proprio alla fine del lockdown, in uno dei periodi più neri della storia recente e non solo. Se mi fossi abbandonato all'emotività, considerando i vari aspetti della faccenda come, ad esempio, che avevamo avviato da poco l'attività immobiliare, che avevamo altri immobili in corpo, che una pandemia globale aveva confinato dentro casa più di due miliardi di persone minando le fondamenta economiche della società, con conseguenze devastanti per molti settori, oltre che per l'impatto sull'aspetto emotivo e relazionale della gente, che la certezza di una ordinaria e fluida normalità era tramontata per un tempo che, anche ora, fin che scrivo, risulta imponderabile…. No, niente di tutto questo.

Se un pensiero distruttivo virava verso il vittimismo o la sfiducia lo domavo, come si farebbe con un cavallo imbizzarrito; questo a volte era molto facile, altre difficilissimo, perché l'ansia e la paura sono emozioni che ci appartengono e che sono anche produttive e positive in certi casi quando, ad esempio, ci salvano la vita da pericoli reali. Allora prendevo queste emozioni e le guardavo, proprio come quando ero stato operato al cuore e "indagavo" la loro origine, chiedendomi se mi allertavano da un pericolo reale o immaginario. E, il più delle volte, scoprivo che queste sensazioni derivavano da convinzioni profonde (non ce la posso fare, non sono all'altezza, è un momento molto difficile, etc.) piuttosto che da situazioni realisticamente catastrofiche. Infatti, malgrado tutto, riuscimmo a vendere, nonostante il Covid e il blocco delle attività nel settore dell'edilizia per più di due mesi e questo ci diede molta fiducia.

Ogni mattina, proprio per accrescere la forza dentro di me, scrivevo nel mio quaderno a quadretti degli obbiettivi specifici nelle macroaree della mia vita, da quella professionale, a quella relazionale o di salute, obbiettivi molto precisi e misurabili, con una scadenza temporale ben definita.

Ad esempio: entro oggi mi prefiggo di correre almeno un'ora (obbiettivo di salute), mi aspetto di fissare almeno tre appuntamenti per visionare immobili interessanti da acquistare entro fine mese a sconto del 30% (obbiettivo professionale) e chiedo a me stesso di mantenere un dialogo sereno e produttivo con i miei figli, anche se a volte possono avere comportamenti irritanti (obbiettivo nelle relazioni). E lo stesso sistema, poi, l'ho adottato e lo adotto anche per obbiettivi a medio, lungo termine, proprio come fanno molti imprenditori e uomini di successo in tutti i campi che hanno da sempre compreso come sia la chiarezza di intenti a fare la differenza. Sembra banale, sciocco forse. Ma questa azione (scrivere l'obbiettivo ogni giorno, visualizzarlo, contemplarlo) invia al subconscio la certezza che è una cosa possibile, facile perché lo condiziona a credere che questa cosa sia già accaduta (proprio come feci per l'operazione al cuore). Questo non significa che il mondo sia (sempre) ai nostri comandi. Anzi. Anche le difficoltà, le battute d'arresto, gli intoppi, i fallimenti, fanno parte del processo che ci porta verso quello che abbiamo identificato essere lo scopo della nostra vita, o un obbiettivo a breve, medio o lungo termine. Ma se sai già dove stai andando, quale è la tua meta (e metterla nero su bianco in forma scritta la imprime in te ancor più nel profondo), magari ti renderai conto che il giorno della partenza il tuo treno è pieno e forse dovrai stare in piedi, o è stato cancellato e ne dovrai prendere uno dopo. O durante il percorso ha accusato un forte ritardo, ma se sai già con convinzione che vuoi andare in quel posto, non farai mai una virata verso una rotta diversa, scendendo dal treno e prendendone un altro che ti porterà chissà dove perché, per confusione, avevi sbagliato percorso.

Ancora una volta, tenendo alto il focus sulle soluzioni anziché sulle difficoltà, avevo guadagnato in meno di tre mesi quanto in un anno da restauratore e lavorando con ritmi molto più blandi e sereni, potendo accompagnare i miei bambini a scuola, pranzare con loro e vederli crescere, cose impensabili prima da artigiano. La libertà del tempo e quella di coltivare le proprie relazioni più intime sono certamente il corollario più bello dell'abbondanza, in qualsiasi forma essa si manifesti.

Mentre mi muovevo alla ricerca di occasioni nel mercato immobiliare, un giorno il mio amico M. mi chiamò al telefono e mi chiese se avevo visto che per i corsisti che avevano acquistato il nostro pacchetto completo di corsi di libertà finanziaria, c'era la possibilità di frequentare gratuitamente un seminario con Robert Allen.

Inizialmente non ne ero convinto, pensavo fosse la solita americanata, ma vi ricordate quando ho detto che una nuova consapevolezza cominciava a farsi spazio dentro di me? Ecco, vi dirò che quella consapevolezza, che tutt'ora guida ogni mia giornata, si può sintetizzare davvero in una frase: *che tutto quello che accade è soltanto il meglio che possa accadermi, sia nel bene che nel male: accolgo e accetto tutto ciò che la vita mi porta perché, in ultima analisi, è per il mio bene…* Già, questo è il mio grande segreto.

Con questo spirito, decisi perciò di partecipare al seminario con questo grande mentore che veniva da oltre oceano e aveva con i suoi libri e i suoi corsi trasformato la vita di milioni di persone. Così, insieme al mio amico, dopo poche settimane ci trovammo in prima fila al seminario di Robert. Ero ancora prevenuto, ma decisi fermamente di spazzare subito via ogni forma di preconcetto per poter ricavare il meglio da quella situazione.

Furono tre giorni fantastici. Un capolavoro. Robert ha rotto gli schemi di cui ero sempre rimasto schiavo da tutta la vita, mi ha fatto vedere finalmente il senso della via illuminata verso la ricchezza, la felicità e la gioia di vivere. Mi *ha mostrato come coniugare il lato spirituale dell'esistenza, che in me è sempre stato molto forte, con quello materiale,* in un'ottica di crescita e miglioramento continuo che non può prescindere dal nostro rapporto con l'altro.

Robert è un genio nel suo campo. Dovete pensare che negli anni '80 intraprese una scommessa con il «New York Times»: tale sfida obbligava Robert a comperare un immobile in sette giorni con solo 100$ in tasca, in una città che non conosceva affatto, San Francisco. Dopo sette giorni, ritornò a casa con 20$ e sei immobili acquistati. Un sogno!!!

Leggete il suo meraviglioso libro *One Minute Millionaire, La via illuminata verso la ricchezza*, che mi ha fortemente ispirato, per comprendere che non si tratta di fantascienza, ma della ferrea applicazione di precise (e assolutamente lecite) strategie nel campo immobiliare, ma soprattutto di un approccio mentale vincente, che può essere applicato a qualsiasi campo, dal business, alla salute, alle relazioni!

Robert mi ha donato una nuova visione della vita, quella che avevano i grandi "ricchi illuminati" da Haanel, a Carnegie, a Ford, a Edison, a Napoleon Hill. Che ne direste se vi dico che c'è una formula per cambiare la vostra vita in meglio e arricchirla sotto tutti gli aspetti e non solo finanziari, ma per godere di una vita migliore, di emozioni più armoniose e, data la stretta correlazione del corpo con la mente, anche di una maggior salute? E perché questa formula funzioni la dovrete insegnare a qualcun altro e questi ancora ad altri e ad altri ancora?

Questo è ciò che ha accomunato questi imprenditori e inventori straordinari, anime grandi il cui contributo all'umanità, con il loro pensiero e le loro azioni, si può riassumere in una semplice frase: essere uomini di successo, significa, in prima luogo, vivere una vita sana ed equilibrata, tenendo sotto controllo la propria mente, servendo e condividendo. Ed elevando altri a diventare tali.

RIEPILOGO DEL CAPITOLO 3:

- **RICETTA n. 1**: *imparare ad ascoltare il proprio corpo è una grande ricetta di longevità.* Molto spesso lavoriamo, affaticandoci o svolgendo lavori che non ci somigliano, oppure esageriamo con il numero di ore, mettendo a repentaglio la nostra salute. Cercando la realizzazione professionale rischiamo che altri se ne godano i frutti e a noi non rimarrà altro che guardare (dall' alto però…)

- **RICETTA n. 2:** *accettare la vita così come viene è un grande segreto per la felicità.* Questo non vuol dire non avere piani, progetti e obbiettivi. È *un nostro dovere averli*, altrimenti saremmo come una barca in balia delle onde a motori spenti: votati alla deriva. *Accettare la vita, vuol dire agire al meglio delle nostre possibilità, dando il massimo del contributo in ogni campo, ma senza attaccamento al risultato. Vuol dire godersi il processo.* Quello che sta prima del traguardo: l'impegno, la fatica e la passione del viaggio. Significa dare il meglio di sé, pur accettando che a volte si perde.

- **RICETTA n. 3:** *onora il tuo nemico*, qualsiasi sia la pena che ti ha inflitto o il tradimento che hai subito, ti assicuro che ciò ti porterà, alla lunga, un vantaggio molto maggiore del torto subito. Sarei ancora un artigiano oberato di tasse, anziché un fortunato investitore se il mio "amico" produttore di pannelli acustici non mi avesse voltato le spalle, mettendomi ko. Lo ringrazio, lo onoro.

- **RICETTA n. 4:** *il fallimento è un maestro*, più della gioia.

Frase del cambiamento: Rispetto il mio corpo con amore e gratitudine.
Frase del cambiamento: Amo la vita, amo i miei limiti, li accetto, li supero.
Frase del cambiamento: Onoro il mio nemico perché in lui c'è un maestro.

Capitolo 4:
Il mindset del bruco vincente

«Se si contribuisce alla felicità di altre persone
si trova il vero senso della vita».
(Dalai Lama)

«Quello che il bruco chiama la fine del mondo,
il resto del mondo lo chiama farfalla».
(Lao Tzu)

Vi dicevo che il mio incontro con Robert fu straordinario. E di lì ne seguirono altri, altrettanto straordinari: ricordate, quando siete sulla via illuminata del cambiamento, l'universo coopera alla vostra riuscita, manifestando incontri, situazioni, nuove possibilità. Questo libro, ad esempio, nasce dall'incontro straordinario con Giacomo, che con i suoi libri, in un assoluto spirito di servizio, sta cambiando la vita a milioni di persone. Compresa la mia.

Non avrei mai pensato di scrivere un libro, se me l'avessero detto quando ballavo in discoteca, o lavoravo nella fabbrica di paese al tornio, avrei riso per una settimana. Odiavo i libri. Lo giuro. Fino ai trent'anni non ne avevo manco letto uno (e non è uno scherzo). Ora, ne divoro almeno uno a settimana. E ogni giorno dedico qualche tempo a contemplare dei testi spirituali che mi aiutano a restare centrato.

Che cosa è capitato? Sono forse impazzito? Forse che i miei sfaceli di gioventù mi hanno bruciato qualche neurone di troppo? No, niente di tutto questo (o solo in parte). *L'unica differenza sta, dopo svariati giri di giostra, nell'aver trovato uno scopo nella mia vita. Il vero scopo. Il Perché.*

E la risposta a queste domande:
- *Chi sono io?*
- *Qual è la mia mission?*
- *Dove sono ora?*
- *Cosa posso fare per realizzare ciò che voglio davvero essere?*
- *Come posso essere felice, avere più gioia, salute, abbondanza e ricchezza, materiale e spirituale?*

Ecco, questa credo sia la parte più interessante e importante di questo libro, l'aspetto delle nostre convinzioni e del nostro *mindset,* perché riprogrammarle ha rappresentato la premessa essenziale del mio cambiamento e della mia rinascita.

Fin dai venticinque anni, avevo intrapreso la pratica della meditazione. Abitualmente, ogni anno, mi recavo (e mi reco in India) per rendere ancora più stabile questa quiete interiore. La spiritualità è il centro della mia vita che mi ha salvato nei momenti più bui. Pertanto, la risposta a queste domande ha, per me, natura essenzialmente spirituale. *So che sono un essere in viaggio verso qualcosa di più grande di questa esistenza terrena.*

Coniugare il lato spirituale dell'esistenza con l'abbondanza e la realizzazione professionale e personale ha rappresentato per me la sfida più grande. L'impermanenza della vita che ho direttamente sperimentato sulla mia pelle, il fatto che ogni momento della nostra esistenza potrebbe essere l'ultimo, mi frenavano da una vera ricerca di miglioramento sul piano professionale ed economico, privilegiando, giustamente, solo la mia parte spirituale: *avevo paura di diventare ricco o di mettermi in gioco fino in fondo come imprenditore* perché le due cose, temevo, non andavano a braccetto.

E, badate bene, non sto parlando soltanto di ricchezza economica che in realtà è più che altro una misura del nostro lavoro, ma di ricchezza in senso lato. Un ricco dalla mente agitata o fuori controllo, può guidare un impero, ma se in lui predominano ansia, paura, invidia e altre emozioni più o meno distruttive, sperimenterà una vita di "povertà" a prescindere dai suoi possessi, di cui farà fatica a gioire.

Io, ad esempio, ero un artigiano con una bella ditta avviata, ma oberata di tasse e che lavorava come un mulo, dodici, tredici ore al giorno e che molto di quello che guadagnava lo riversava in azienda per l'acquisto di qualche nuova attrezzatura.

«Sto bene», mi dicevo, «non mi manca nulla, ho una bella famiglia, ho una casa propria, mia moglie ha un buon lavoro dipendente nella pubblica amministrazione ma…con questi ritmi e dopo avere per molti anni trascurato la salute, ero finito quasi all'aldilà!!!

Era giunto davvero il momento di voltare pagina, ma ero ancora ancorato alla mia routine, al pensiero che per guadagnare denaro bisognava lavorare tanto (perché quella era stata fino ad ora la mia esperienza), che sarebbe stato difficile ricavare tempo per me stesso e la cura, ora doverosa, della mia salute, dovendo gestire figli, famiglia, operai etc., che tutto sommato il mio lavoro era faticoso, ma con qualche accortezza forse avrei potuto continuare a farlo. Insomma, ero a un passo dal varcare la soglia, con tutti i dubbi e le incertezze di chi sta per uscire dalla propria zona di agio. Pertanto, dopo i corsi di libertà finanziaria e svariati libri letti, ancora non riuscivo a lanciarmi veramente nell'applicazione di quanto appreso sugli investimenti nel settore immobiliare, trading, royalties, infoprodotti etc. perché ancora la possibilità di conciliare questi due aspetti, *spiritualità e ricchezza*, mi generava un conflitto interiore.

Ora, però, si trattava di guardare la cosa da un altro punto di vista: guadagnare molto di più mi avrebbe permesso, alla lunga, di lavorare molto di meno; avrei potuto disporre di molto più tempo per me stesso, per prendermi cura di me, per fare lunghe passeggiate nel verde e in montagna, stare con la famiglia e arrivare alla "pensione" con gioia e vitalità, prendendomi cura del mio cuore e non mezzo morto o malconcio.

Forse, non mi era mai interessato diventare ricco nella vita, avevo sempre associato la ricchezza a qualcosa di poco lecito e il duro lavoro a qualcosa di molto virtuoso, in base alle informazioni che avevo ricevuto quando ero piccolo, del tipo *i soldi non fanno la felicità, i ricchi sono tutti ladri, i ricchi sono avidi e disonesti etc, beati sono i poveri, i ricchi perdono i loro valori, i ricchi non hanno veri amici...* le stesse che forse avete ricevuto anche voi, che è quello che ci hanno passato inconsciamente i nostri genitori, oppure i parenti o gli amici, la stessa televisione, o che derivano da convinzioni religiose.

Ho lasciato molte volte per strada affari che, se avessi portato avanti, probabilmente (sicuramente anzi) mi avrebbero cambiato la vita. Ricordo un aneddoto: quando lasciai la mia posizione di agente di commercio a un collega presso l'azienda per cui lavoravo, il mio fatturato non era molto alto. Dopo tre anni, nel mezzo di una fiera paesana, una persona mi fermò e mi abbracciò ringraziandomi calorosamente. Non capivo chi fosse e perché manifestava tutta questa gratitudine e ne fui quasi spaventato: dopo pochi secondi riconobbi in lui l'agente a cui avevo ceduto il mio posto.

Era molto felice di rivedermi e mi disse che ero sempre nei suoi pensieri. Gli risposi che ne ero felice, ma non capivo ancora il perché di tanta riconoscenza. Dopo un breve scambio di battute, mi riferì che il lavoro che gli avevo lasciato gli procurava un fatturato di circa un milione e mezzo di euro all'anno… Un sogno!

Cavolo!!! Ne fui veramente compiaciuto e vi assicuro che è una sensazione molto piacevole, qualcuno ha cambiato la sua vita per qualcosa che avete fatto voi, ma senza volerlo o avere avuto qualcosa in cambio. *Questa cosa tuttavia mi fece assai riflettere:* come mai io non ero riuscito a guadagnare in quel tipo di attività e con i medesimi clienti e altri invece stavano facendo i milioni? Come mai erano anni che lavoravo duramente sotto la pioggia e il sole a restaurare case, mentre il mio amico, comodamente seduto in ufficio, con i clienti che gli avevo passato, aveva fatto i numeri?

Al tempo, tuttavia, non avevo ancora maturato la consapevolezza che ho oggi e non conoscevo il potere delle convinzioni (limitanti e potenzianti, vedere capitolo successivo). Ora posso tranquillamente affermare che, come venditore, non ero più scarso del mio amico che con gli stessi clienti fatturava un milione l'anno, ma di certo i miei pensieri puntavano decisamente verso il basso!!! E remavano contro il denaro!!!E l'abbondanza!

Ecco, ho capito che queste sono *le credenze limitanti*: come faccio ad avere successo nel mio lavoro, se nel mio subconscio c'è un'informazione che mi dice *che i soldi non fanno la felicità, o che portano solo guai o che sono incompatibili con la via dello spirito*???

E allo stesso tempo, queste convinzioni limitanti, hanno un impatto su tutto il nostro essere, anche sulla salute, paradossalmente.

Aver creduto, per anni, che fosse nobile e dignitoso ammazzarsi di lavoro accettando tutto ciò che mi veniva incontro come "il mio dovere", semplicemente perché mi era stato ripetuto da piccolo, ha contribuito a portarmi su un lettino in sala operatoria. "Puoi avere una cosa o l'altra", mi era sempre stato detto, "non puoi avere tutto".

Questo modo di ragionare, per esclusione, non appartiene a chi ha fatto della propria vita un capolavoro di abbondanza, in tutti i campi. Al contrario, gli individui che sperimentano una vita di ristrettezze e non solo economiche, ma anche di salute, nelle relazioni etc. non ritengono di meritarsi una bella torta e quindi ordinano una ciambellina, si concentrano sul buco e si domandano come mai non hanno niente. I loro slogan sono motti del tipo: «Non si può avere tutto», «Se avrò di più, significa che qualcun altro avrà di meno», «Si è meno buoni o puri, quando si è ricchi», «Non si può avere la botte piena e la moglie ubriaca», «o la famiglia o il lavoro» «o il lavoro o il tempo libero», «non si può chiedere troppo dalla vita», «bisogna accontentarsi» etc. etc.

Chi ha scelto una vita di abbondanza sa che con un po' di iniziativa, impegno e tenacia si può escogitare il modo per riuscire ad avere l'una e l'altra cosa. Desiderate realizzarvi professionalmente e avere anche un rapporto intimo e del tempo di qualità per la vostra famiglia? Entrambi. Volete il denaro e la felicità? Entrambi. Volete guadagnare molto e fare il lavoro che amate? Entrambe le cose. Volete essere ricchi e spirituali allo stesso tempo? Entrambi.

Da questo momento in poi, quando vi troverete di fronte a due o più alternative, la domanda fondamentale che vi dovrà animare è: *come posso conseguire entrambe le cose? Dovete programmare il vostro cervello a ragionare in termini inclusivi, credendo che una cosa non escluda l'altra, ma che entrambe possono essere vere.*

Per la mia esperienza, dopo l'intervento al cuore, escludevo (inconsciamente) la possibilità di poter svolgere certe belle attività come camminare in quota, andare in moto, fare jogging in modo intenso etc. Infatti, nei primi anni dopo l'operazione mi sono molto autolimitato, un po' perché dovevo ancora abituarmi al mio nuovo me stesso, un po' per timore. Ma, dopo qualche tempo e sempre dietro consiglio medico (mi raccomando, sentite sempre il vostro medico!), ora pratico jogging intenso, scalo vette e gioco a golf, attività che consideravo riservate ai patiti del fitness o ai ricchi che si ritrovano nei country club! Che convinzioni limitanti avevo, che freno al cambiamento sono state per tanti anni!!!

Quando parlo con amici che ragionano in base alle convinzioni più diffuse, faccio notare loro che forse queste modalità di pensiero non sono il loro vero essere, ma in realtà dipendono da ciò che è stato loro inculcato. La maggior parte di queste persone non trae la propria forza dal momento presente, ma si sposta continuamente col pensiero nel passato, evocando inconsciamente le più svariate credenze limitanti: devi avere un posto fisso, devi sposarti, avere figli, devi comprarti la casa, devi risparmiare per i momenti bui etc. etc. etc.

Le prime ore della mattina di qualche giorno a settimana, mi reco a vedere la situazione nei miei cantieri e nel tragitto incrocio per strada le persone che si recano al posto di lavoro: purtroppo vedo le loro facce, non lo dico per vantarmi, non fraintendetemi, ma molte di loro mi fanno proprio pena, quanta sofferenza!

Quello che ho capito dopo il mio incontro con Robert e dopo una vita intensamente vissuta è che non bisogna fermare l'abbondanza che l'universo continua a offrirci ogni secondo perché abbiamo dei programmi malati dentro di noi, dei virus che impediscono a quel meraviglioso ingranaggio che è la nostra mente (ricordate, è la nostra migliore amica e la nostra più grande nemica) di funzionare in tutta la sua pienezza e di connettersi con la mente universale per attingere il meglio, il genio e la magia.

Proprio come hanno fatto grandi personaggi del passato (Ford, Edison) per citarne alcuni, uomini poco o per niente istruiti, ma che avevano una mente pienamente sotto controllo e delle convinzioni che richiamavano la forza, la potenza, l'abbondanza. *Con delle convinzioni potenzianti sulla felicità, la salute e il denaro trasferite fin da piccoli e ripetute per più generazioni, il mondo avrebbe tutt'altro aspetto.*

Cosa succederebbe se quel 3% di ricchi di oggi divenisse un domani il 50% della popolazione mondiale, non ci sarebbe forse più abbondanza per tutti? Quanto meno stress, quanta meno sofferenza? Se tutti avessero abbastanza ricchezza?

Oppure se, fin da piccoli, venissero trasferite da parte della scuola e della famiglia, delle convinzioni molto potenzianti sulla salute, o sulle innate capacità di ciascuno di conseguire grandi mete, o sul fatto che tutte le risorse di cui abbiamo bisogno sono già dentro di noi. Sto solo cercando di immaginare lo scenario che si potrebbe rivelare se tante persone cambiando la loro mente in senso evolutivo diventassero a loro volta dei "maestri", oltre che per loro stessi, anche per il proprio vicino, per il proprio collega, per il proprio amico, per il proprio figlio e cercassero di insegnare questa via illuminata verso l'abbondanza anche ad altri, che a loro volta la trasferiranno ad altri, quale potrebbe essere la consapevolezza comune?

Chi cercherebbe di conquistare le terre del vicino? Chi seppellirebbe rifiuti tossici e velenosi rovinando l'esistenza di tante persone, se ci fosse abbastanza ricchezza e benessere per fare le cose come si deve? Ricordate questo: *il denaro è estremamente importante dove serve ed è estremamente inutile dove non serve.* Significa che possedere denaro solo per averne e basta, solo per comprare auto, case, gioielli, non porta da nessuna parte, anzi ci scaraventa verso il basso.

Ma se il denaro e l'abbondanza servono per influenzare positivamente altri individui, per indurli a creare nuove realtà mentali basate sulla condivisione e il servizio, sul donare una certa parte di quello che si guadagna (vi parlerò della decima) e vivere una vita di gioia, sana ed equilibrata, accanto a chi si ama insegnando o trasferendo ad altri le modalità per acquisire una *giusta ricchezza*, in cui tutte le parti coinvolte vengono soddisfatte, questa è una forma di elevazione spirituale più che materiale *e ci mette in connessione diretta con il potere Divino*. Non mancheranno nella vita di individui del genere fortuna e salute e, anche qualora dovessero attraversare delle sfide, la loro attitudine e il loro sguardo sarà sempre rivolto verso l'alto, verso la soluzione, mai sul problema. Questo è il segreto dei segreti.

Più volte mi sono chiesto quale sia stata la forza che mi ha animato (divina a volte mi è sembrata) tanto mi ha fatto resistere alle più grandi avversità. Quando aspettavo di addormentarmi in sala operatoria, avvertivo un forte peso allo stomaco, il classico pugno e l'ansia cresceva.

Di lì a poco mi avrebbero segato lo sterno (sono anche un po' falegnami questi cardiochirurghi!), avrebbero staccato per un momento il cuore (e forse lì qualche neurone l'ho perso un po' per strada) e riattaccato a una macchina per la circolazione extracorporea. A quel punto, avrebbero iniziato a cambiare i pezzi. Uno scenario da film dell'orrore!

Se avessi dato voce all'ansia e alla paura probabilmente l'intervento avrebbe preso tutt'altra piega e sarebbe stato più difficile da gestire, per me e per i medici. In quel momento cruciale, scelsi la preghiera che è un'eccellente forma di controllo della mente e iniziai a ripetere il nome di Dio. *Il pugno allo stomaco che avvertivo si trasformò in una farfalla e il bruco Fabio poté addormentarsi sereno nella consapevolezza che sarebbe andato tutto per il meglio.*

Inconsapevolmente, *nei momenti cruciali ciascuno di noi possiede risorse infinite e mezzi che ci conducono alla felicità,* ma che utilizziamo tuttavia in modo parziale o incompleto perché questo enorme potenziale viene frenato dai pensieri condizionanti e limitanti della mente conscia, pensieri che molto spesso non sono nostri, ma ereditati o assorbiti dall'ambiente esterno.

Ricordate, voi siete il risultato delle cinque persone che frequentate maggiormente, per cui dovete severamente discriminare i vostri contatti perché influenzano in maniera diretta la vostra realizzazione, professionale o personale. Poneteci attenzione. *E state alla larga dai vampiri energetici,* esseri pericolosissimi che si riconoscono di primo acchito: criticano, rosicano, si lamentano sempre ed emanano falsità da tutti i pori.

Vi è mai capitato di percepire un pensiero che magari avete catalogato come assurdo nella vostra testa, o aver frequentato un certo tipo di persone (nel bene o nel male) e che la vostra mente abbia iniziato a viaggiare su quella lunghezza d'onda, assumendo i pensieri e i comportamenti di quelle persone?

«Tutto è energia e questo è tutto quello che esiste. Sintonizzati alla frequenza della realtà che desideri e non potrai fare a meno di ottenere quella realtà. Non c'è altra via. Questa non è Filosofia, è Fisica».
(Albert Einstein)

Questa significativa frase di Einstein mi ha molto colpito. Più volte sentivo parlare di legge di attrazione, in svariati libri e su internet e leggevo frasi del tipo: i pensieri diventano cose, sei quello che pensi, il pensiero crea etc., ma non capivo fino in fondo queste affermazioni.

La mente di questo grande fisico ci ha chiaramente spiegato che tutto ciò che ci circonda è energia. E che noi stessi siamo energia dinamica. E i nostri pensieri non sono altro che impulsi elettrici biochimici, onde di energia che penetrano nello spazio, attirando in base alla legge di risonanza, vibrazioni della stessa frequenza, ovvero eventi ed episodi sulla stessa lunghezza d'onda.

Tutta questa premessa, è una riflessione che mi è sorta, quando Claudio, il coach che mi ha seguito nello sviluppo di questo libro, mi ha chiesto di tirar fuori, a solo beneficio del lettore, il segreto, quella chiave di volta, quella *mind* che mi ha permesso di superare le grandi sfide della mia vita, dai grossi problemi d salute, alle difficoltà sul lavoro e quant'altro.

Nel cercare di dare una risposta alla domanda, non in base a quello che avevo letto, o ai sistemi per controllare la mente che avevo appreso nel corso degli anni grazie allo yoga o alla crescita personale, ma basandomi solo sulla mia innata esperienza, ho realizzato che esiste il sistema in ogni essere, per essere felici. Che è per ciascuno diverso e uguale allo stesso tempo, solo che è spesso nascosto da una nube troppo fitta di pensieri e credenze.

Per me la chiave è stata e sempre sarà, quella di non credere ai propri pensieri. Ma, poiché questo è molto difficile, dare almeno voce a quei pensieri che mi potenzino e mi conducano verso la via d'uscita. Creare dei nuovi pensieri, ponendosi le giuste domande che mi guidino verso la soluzione: questa è la mia mind.

Come poi questa mind si attivi, dipende dalle nostre tendenze innate, per alcuni potrebbe essere la paura, per altri l'orgoglio, per taluni il desiderio di riscatto. Di certo, *grazie alle giuste domande si crea la giusta attitudine* per innescare il processo del cambiamento.

Ve lo dicevo, quando parlavo della mia storia: ciò che mi ha salvato anche in gioventù, è stato pormi le domande perfette, momento per momento, nel mio viaggio, secondo questo processo:

1) Avverto una sensazione spiacevole: paura, ansia, collera, invidia.
2) Alla base di questa c'è un pensiero dello stesso colore.
3) Ne divento consapevole, lo accetto, lo guardo, lo lascio andare.
4) Lancio la domanda: come posso…

Come posso pagare questo mutuo? Come posso avere più denaro? Come posso trovare un medico bravissimo che mi aiuti nel mio problema di salute? Come posso aiutare mio figlio che ha difficoltà scolastiche? Come posso migliorare la mia parte spirituale, o quella emotiva? Come posso smettere di bere? etc. La formulazione di queste domande dovrebbe diventare un mantra, nei momenti più difficili o in quelli in cui cercate nuove strade o soluzioni.

Chiedete e vi sarà dato
(Matteo 7,7-11)

Questo tipo di domande ci riporta nel presente e ci mette in contatto con quell'infinita coscienza che tutto pervade. Al contrario, *chiedersi il perché ci stia capitando questo o quello, ci fa rimuginare sul passato e stare nel problema*, confermando l'esistenza di un qualcosa che non funziona, scaraventandoci verso il basso. Ponendosi la giusta domanda, le risposte arriveranno: ci parlerà *l'intuito*, con la nostra o l'altrui voce, arriverà un libro, un corso, un incontro, un maestro.

Non c'è nulla di strano, in tutto questo: come scriveva Emerson, se siamo tutti interconnessi (e vi sfido a negarlo, anche la scienza, oggi lo afferma) noi siamo parte di una mente superiore in cui sono espresse tutte le potenzialità.

I grandi inventori, usavano spesso isolarsi per stimolare l'*intuito,* ponendosi le giuste domande. Quando Edison, dopo migliaia di tentativi *intuì* la legge che gli consentì di illuminare il mondo, non scoprì in realtà nulla di nuovo: l'elettricità è sempre esistita, quella potenzialità esisteva nella *mente superconscia* da sempre, proprio come la legge che consente alle navi di galleggiare, o agli aerei di volare.

Noi non siamo diversi da loro. La casalinga di Milano o l'operaio di Terni. Edison e Ford non erano nemmeno istruiti, non avevano il diploma, nemmeno la licenza media del tempo. Eppure, uno ha dato luce al mondo, l'altro ha riempito d'auto le strade d'America.

Neanche io ho il diploma, lo confesso, i miei non volevano studiassi e ho svolto una semplice scuola professionale: scrivo molto peggio di come parlo (invece mia moglie, che è pluridecorata, mi corregge sovente le mail e ha corretto anche questo libro). Eppure, in una mattina, mi capita di guadagnare quanto quello che un dirigente porta a casa in un anno ma, per non stare solo sul piano del denaro (che non è altro che una semplice unità di misura del nostro lavoro e null'altro), più di tutto sono appagato.

Quello che voglio passarvi, è che le infinite capacità che dimorano in noi non dipendono in maniera diretta dalla nostra istruzione, o da quella dei nostri genitori, o dalla nostra condizione sociale di partenza, ma da un qualcosa di innato che determina la nostra reazione a ogni evento della vita e il nostro rapporto con il mondo.

Per alcuni, questo qualcosa che vive dentro è fortemente potenziante e porta a grandi risultati, nonostante a volte una scarsa istruzione o misere origini, per altri invece non è così e nonostante abbiano tutti gli strumenti per giungere alla piena realizzazione, personale o finanziaria, questa sembra sfuggir loro di mano, per qualche strano scherzo del destino, (o del loro pensiero?)

Quello che vi sto dicendo, è che siamo fatti dello stesso materiale di cui sono fatti i grandi geni, i grandi mistici, i grandi pensatori, i grandi inventori: la maggior parte degli individui, tuttavia, non ha saputo ottenere felicità o successo duraturi, perché? Qual è questa grande differenza?

Perché Ford ha riempito d'auto le strade d'America, pur non avendo un'istruzione? O Edison, ultimo di sette figli, la cui educazione passò attraverso la decisa tutela della madre, dopo alcuni mesi fallimentari alla scuola elementare. Ci pensò lei, che gli insegnò tutto, «in particolare a credere in me, cosa che ho vissuto sempre come un dovere», scrisse lui un giorno. Ci ha donato la lampadina, la prima cinepresa, il fonografo e i sistemi di distribuzione dell'energia.

Qual è questa chiave, questo segreto, che ha fatto degli uomini ordinari dei grandi geni? Potrebbero essere *La legge di Attrazione, il desiderio, le visualizzazioni, gli obbiettivi, i mentori, la fortuna, le buone abitudini, i soldi degli altri, le proprie conoscenze, la volontà, la tenacia, la fede, l'autosuggestione, la resilienza, l'autostima, le convinzioni, la buona compagnia, la preghiera* etc. etc...

Sono tutti strumenti a cui accennerò alla fine di questo libro, *ma la cui importanza è nulla rispetto alla mind, ovvero alla capacità di porsi le giuste domande, con la giusta attitudine, per far funzionare al meglio tutti gli strumenti descritti.* Potete guidare l'auto migliore, con accessori e dispositivi di sicurezza formidabili, ma senza il carburante non vi sposterete dal vostro garage.

L'assoluto controllo dei propri pensieri, la vigilanza sui propri pensieri e la capacità di cambiare i propri pensieri sono alla base di qualsiasi realizzazione duratura, sia personale, professionale, economica o spirituale. Come scrive il grande Napoleon Hill: «L'unica differenza tra Ford e i suoi operai, è che il primo controllava incessantemente la propria mente, i secondi non ci provavano nemmeno».

«C'è una grande differenza tra il semplice pensare e il dirigere il nostro pensiero coscientemente, sistematicamente e costruttivamente; quando facciamo questo noi poniamo la nostra

mente in armonia con la Mente Universale, ci sintonizziamo con l'Infinito, mettiamo in moto le più potenti forze esistenti, il potere creativo della Mente Universale».
Charles Haanel

RIEPILOGO DEL CAPITOLO 4:

- **RICETTA n. 1**: *la via illuminata verso l'abbondanza coniuga parte spirituale e azione.* E i corollari di tutto questo sono: la libertà di tempo, per i propri cari, per sé stessi, per il proprio spirito. La libertà di coltivare il proprio talento, la propria missione e il proprio compito. La possibilità di prendersi maggiormente cura della propria salute e del proprio corpo. La volontà di trasferire le conoscenze, il modo di porsi le giuste domande e la corretta attitudine per far acquisire tutto ciò anche ad altri che, a loro volta, la trasferiranno ad altri e ad altri ancora. Questo libro è uno dei tanti mezzi.

- **RICETTA N. 2:** *La mente è la nostra migliore alleata. E la peggior nemica di noi stessi. Tutti gli strumenti del miglioramento personale sono totalmente inefficaci senza un assoluto controllo dei propri pensieri.* L'uomo non sa quanto vivrà, come, dove, quanto vivranno i suoi figli. L'uomo conosce solo l'oggi: controllando il proprio pensiero, l'uomo può perlomeno gestire *come* affronterà l'ignoto che lo attende domani.

- **RICETTA N. 3:** *Mi pongo le domande perfette, nel mio viaggio, momento per momento,* secondo questo PROCESSO:

1) Avverto una sensazione spiacevole: paura, ansia, collera, invidia etc.

2) Alla base di questa, c'è un pensiero dello stesso colore.

3) Ne divento consapevole, lo accetto, lo guardo, lo lascio andare.

4) Lancio la domanda: come posso…

- **RICETTA N.4:** *I pensieri non sono mai veramente nostri:* li abbiamo appresi da altri, dai nostri genitori, dai nostri colleghi, dalle cinque persone che frequentiamo più assiduamente, oppure sono giunti sotto forma di intuizioni dal campo della mente superconscia.

- **RICETTA N.5:** *Non identifichiamoci con i nostri pensieri,* belli o brutti che siano: non possiamo scegliere di manifestarli o meno, semplicemente arrivano. *La nostra scelta sta nel nutrirli o lasciarli andare.*

- **RICETTA N.6:** *Prestate severamente attenzione alle persone che frequentate,* i loro pensieri influenzano i vostri e colorano la vostra mente della stessa frequenza, influenzando la vostra riuscita professionale e personale. Ricordate: voi siete il risultato delle 5 persone che frequentate maggiormente. Se volete diventare spiritualmente illuminati frequentate i saggi, se volete diventare ricchi, abbiate amici ricchi (non solo in termini economici). Se volete riconquistare la salute, apprendete da chi ci è passato prima di voi. Aspirate all'eccellenza, frequentate l'eccellenza (non è una questione solo di fama o denaro, ma di equilibrio interiore). Ciò eleverà i vostri pensieri.

- **RICETTA N.7:** *Diffidate dai vampiri energetici*, il cui identikit è il seguente: si lamentano sempre, parlano troppo, trovano difetti in chiunque e in qualunque cosa, sono sempre stanchi o acciaccati, provano invidia per la gioia altrui, non conoscono la parola dare, ma solo chiedere. Sono peggio del veleno, molto peggio della droga, vi annienteranno e più di tutto vi seppelliranno (perché si lamentano sempre, stanno sempre male ma vivono fino a novant'anni, vi siete chiesti perché?). State attenti: è una specie molto diffusa. *Tenete il vostro cervello ad almeno cento metri dal loro.*

- **RICETTA N.8:** *Regalatevi dei momenti di solitudine per stimolare l'intuito:* prediligete la vita all'aria aperta, le camminate e l'esercizio fisico alla luce del sole, abbinando una corretta e profonda respirazione, ripetendo ad alta voce parole potenzianti come quelle che abbiamo proposto tra le frasi del cambiamento. Ciò influenzerà positivamente i vostri pensieri, infondendo in voi una maggiore sicurezza. La confusione è certamente nemica della creatività.

Frase del cambiamento: Ho trovato il mio scopo, manifesto una vita di abbondanza dove ho più tempo per coltivare i miei talenti, la gentilezza e le nobili virtù dell'anima, servendo e condividendo. E per scoprire chi sono veramente.

Capitolo 5:
Come raggiungere la felicità con A.M.O.R.E.E.

«Viviamo in un universo senza limiti,
limitato solo dalle nostre convinzioni».
Il Pensiero è il seme dell'universo

Abbiamo visto che di fronte a un problema, porsi le giuste domande ci porta in uno stato mentale che ci fa, restando nel presente, materializzare molto più facilmente la soluzione. Ma perché, mi chiedevo, la mia mente manifestava spesso certi tipi di pensieri e non altri. E le emozioni che sperimentavo erano spesso le stesse: rispetto alla vita, al denaro, alle relazioni e anche alla salute.

Perché *noi siamo il risultato di una serie ripetuta di pensieri simili, che hanno prodotto un certo tipo di azioni che a loro volta si sono dispiegate in un certo tipo di risultati.* I risultati che ottieni confermano i tuoi pensieri creandone di nuovi dello stesso tipo e frequenza che ti spingono a nuove azioni. Queste azioni produrranno ulteriori risultati che andranno a confermare quel tipo di pensiero, secondo questo schema:

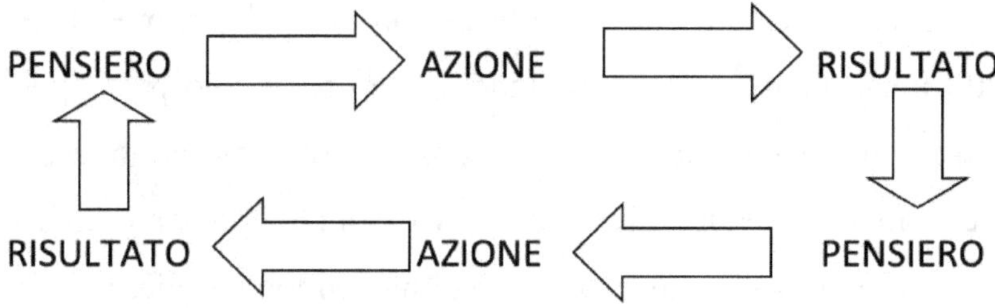

Forse per molti di coloro i quali hanno innescato un processo di cambiamento o si sono immersi in qualche libro sulla crescita personale, questi sono fatti noti, ma per me che non ne ero abituato fu davvero un gran dono realizzare ciò che intuivo, ma non riuscivo a comprendere fino in fondo. E come saranno questi risultati? Probabilmente sempre gli stessi (in positivo o negativo!).

Il cambiamento per molti risulta difficilissimo perché siamo intrappolati in questa ruota come criceti e continuiamo a correre senza poter far nulla di diverso che correre: soffriamo, ci lamentiamo, sbuffiamo, vorremmo un altro lavoro, un'altra moglie, un nuovo marito, più denaro, più felicità, più salute, più serenità, ma non riusciamo a fare altro che i criceti.

Ti sei mai chiesto perché a certe persone va sempre mediamente tutto bene, mentre altre sembrano avere un diavolo per capello? Forse non ti piacerebbe lavorare 6 o 4 o 2 ore al giorno invece che le canoniche 8? Non ti piacerebbe restare più tempo con i tuoi figli, fare una partita a tennis qualche mattina con tua moglie, invece di andare in ufficio? (sempre che ti piaccia il tennis?). Oppure farti una bella passeggiata al sole invece di andare a correre la sera tardi, finito il lavoro, in mezzo allo smog, per ossigenarti un po'? Oppure avere più denaro? Una salute migliore, delle relazioni più serene o, semplicemente, sentirti un po' meglio?

Vorresti, ma non puoi, perché le tue convinzioni sono il tuo limite. *Perché sei a tuo agio nel disagio*, ti sei abituato a esso, fa parte di te e non ti causa stress. Pensate a tutti coloro che si lamentano per il proprio ingrato lavoro, ma non fanno niente per cercare di cambiarlo. Non hanno energia, coraggio o fiducia per innescare un cambiamento e si sentono bloccati. Preferiscono stare così. Oppure pensate a quei rapporti di coppia fallimentari in cui si sceglie l'insoddisfazione piuttosto che la solitudine.

Che cosa sono le nostre convinzioni? Da dove vengono? *Le convinzioni sono l'insieme delle nostre credenze, dei nostri pensieri, il nostro credere in merito ai più svariati aspetti della nostra vita: l'amore, il lavoro, la salute, il successo, il denaro, l'amicizia, la bellezza.* Eccone alcuni esempi, *ma potrebbero essere infiniti.*

Sul denaro: *per diventare ricchi bisogna avere già soldi. I ricchi sono avidi. I ricchi sono infelici.*

Sull'amore: *se non ti sposi e avrai figli, non ti sentirai mai realizzato.*

Sul lavoro: *il posto fisso è il meglio che tu possa avere, guadagni meno, ma hai molte più sicurezze. - Per guadagnare soldi bisogna lavorare tanto.*

Sul cibo: *la dieta vegetariana non è equilibrata. - Se mangio, ingrasso.*

Sulla bellezza: *essendo piccolo di statura sarò meno attraente. Invecchiando si perde fascino.*

Su sé stessi: *sono un buono a nulla. - Mi va sempre tutto male. - Non sono bravo a fare quella cosa. - Tutti mi criticano.*

Le nostre convinzioni *condizionano pesantemente* le nostre giornate. Come catene invisibili, le **convinzioni limitanti** scelgono per noi, vivono la nostra vita e minuto dopo minuto influenzano il nostro destino dando vita sempre agli stessi pensieri, alle stesse azioni, agli stessi risultati.

Lo sapete che nei circhi i cuccioli di elefante vengono legati con **catene** molto pesanti: nelle prime settimane di vita, i piccoli elefanti cercano di liberarsi in ogni modo, senza riuscirci. Con il tempo, tuttavia si *convincono* che non esiste alcuna via d'uscita e, nonostante da adulti vengano legati con catene molto più leggere e che potrebbero spezzare assai facilmente, loro non ci provano nemmeno.

Una convinzione, pertanto, è *qualcosa che noi crediamo essere assolutamente vera, indipendentemente dal fatto che lo sia.* Ma allora, le nostre convinzioni, da dove vengono? Più o meno inconsapevolmente, i nostri genitori hanno **profondamente**

influenzato la nostra percezione del mondo, fin dalla più tenera età. Col passare del tempo, i professori, gli amici e le persone con cui abbiamo condiviso la maggior parte del nostro tempo hanno fatto il resto.

Finché permangono certe convinzioni, il cambiamento è pressoché impossibile; è come avere la bacchetta magica senza conoscere la formula per usarla e questo è davvero un guaio!!!

Non possiamo impedire che le nostre convinzioni ci condizionino il destino, in questo non abbiamo scelta, almeno fintanto che non ne diveniamo consapevoli: a quel punto, interviene davvero il nostro libero arbitrio. Puoi piangerti addosso e dare la colpa a qualcun altro o "alzare il sedere", *prenderti la responsabilità per ciò che ti sta accadendo* e *scegliere* di cambiare la tua situazione. Questo è relativamente semplice per qualcuno e molto più difficile per altri, a seconda di quanto radicate siano queste convinzioni.

È indubbio, tuttavia, che con il giusto sforzo, chiunque può attuare questo cambiamento. Per cambiare le nostre convinzioni limitanti occorre uscire dalla zona di comfort, accettare e fronteggiare il disagio che ne deriva e ripartire.

Come? Ecco i tre passaggi chiave.

1. Diventa consapevole delle tue convinzioni limitanti: osserva i tuoi pensieri: cos'è che ti ripeti sempre? Quali sono i tuoi pensieri più frequenti? Perché fai certe scelte? Cos'è che ti spaventa? Siediti e dedica mezz'ora a scrivere le tue convinzioni su un foglio bianco, rispondendo a queste domande: cosa pensi sia necessario per raggiungere i tuoi obiettivi? Per fare soldi? Per avere successo? Per essere amato dagli altri? Per sviluppare la tua parte spirituale? Per godere di una salute migliore? Per ciascuna di queste, scrivi il nome della persona o il mezzo con cui pensi ti sia stata trasmessa la convinzione.

2.Riformula le tue convinzioni limitanti al contrario, rigirandole. Ad esempio: *per diventare ricchi occorre fortuna* diventa per *diventare ricchi serve audacia*. Oppure: *non riesco a fare questo lavoro* diventa *se mi applico con tenacia lo apprenderò, anche se ci vorrà del tempo. Sono grasso* diventa *ho bisogno di esercizio per stare bene.* Una volta identificate le tue convinzioni limitanti, prova semplicemente a rigirarle. Sul retro dello stesso foglio, per ciascuna di queste, individuane una in senso opposto, che potenzi te stesso. *Leggi le convinzioni potenzianti tre volte al giorno* e immagina, visualizzando, di cancellare con un pennarello nero quelle depotenzianti.

3.Cerca conferme per le tue nuove convinzioni. Ti sembra che le tue nuove convinzioni siano poco veritiere? Stenti ancora a crederci? Dai, fai uno sforzo. Osserva le persone attorno a te. Sforzati di cercare prove della loro esistenza, cerca su internet la storia di chi c'è l'ha fatta a discapito di tutto e tutti. Allenati.

Per quanto riguarda me stesso, posso tranquillamente affermare che la qualità della mia vita è decisamente cambiata in meglio a livello fisico, emotivo ed economico, in quanto ho iniziato a guadagnare anche molto più denaro, soltanto quando ho scoperto il magico potere delle convinzioni e, in particolare, nel mio caso specifico, di quelle limitanti sul denaro e sulla salute. Quando frequentai i corsi di libertà finanziaria e crescita personale, quello fu il primo aspetto in assoluto su cui mi dovetti focalizzare, la ricerca della convinzione (perduta o nascosta) che frenava la mia riuscita professionale, la mia totale ripresa sul piano fisico e la difficoltà di voltare definitivamente pagina guardando al futuro con nuovo slancio ed entusiasmo.

Avevo la giusta mind, avevo una parte spirituale molto sviluppata, una serenità d'animo, mi ponevo le giuste domande, ma il mio subconscio era programmato per la povertà. Infatti, pur lavorando come un mulo, non guadagnavo abbastanza rispetto all'enorme sforzo impiegato. Perché?

Venivo da una famiglia di campagna, dove il denaro stava nascosto sotto i materassi: mio nonno era un gran lavoratore nei campi, mio padre aveva preferito lasciare la vita agricola per consumarsi di fatica nelle prime fabbriche del paese. Per me era normale vederli sfiniti la sera ed essere grati di quel posto fisso che ci consentiva di avere l'essenziale.

Bruce Lipton, nel suo libro *La biologia delle credenze*, afferma che ogni secondo che passa, entrano nel nostro sistema nervoso più di quattro miliardi di bit di informazioni. Però, solo duemila bit vengono elaborati dalla nostra mente conscia, quindi più del 99%

dei nostri pensieri, delle nostre emozioni, delle informazioni che prendiamo dall'esterno vengono invece elaborate dalla mente inconscia. È la regola dell'80/20: i nostri risultati dipendono per l'80% dai nostri pensieri e per un 20% dalle nostre azioni.

Non mi stupisco, se le convinzioni che avevo ereditato dalla mia famiglia e dall'ambiente della mia infanzia mi parlavano in questo modo e avevano prodotto in me quei risultati:

- *«Nella vita, per guadagnare, occorre lavorare duramente»;*
- *«Non si diventa ricchi facendo tutto legalmente»;*
- *«Il denaro porta discordia»;*
- *«Veloce, lavati le mani, non toccare i soldi che sono sporchi!!!»,* quante volte me l'hanno ripetuta da piccolo!
- *«Chi vuole essere ricco, non è una persona spirituale»*
  Quando le ho scovate, le ho rigirate, scrivendole prima su un foglio bianco e poi formulandole al contrario, trovando le prove per la nuova convinzione, fino a quando non è diventata parte di me.
- *«Nella vita, per guadagnare, occorre lavorare duramente»;*
  C'è chi nella vita non lavora duramente, eppure guadagna milioni.
- *«Non si diventa ricchi facendo tutto legalmente»;*

«Il milionario illuminato guadagna onestamente milioni, investe milioni, dona milioni».

- *«Il denaro porta discordia»;*
  È la mente che porta discordia, non il denaro.
- *«Veloce, lavati le mani, non toccare i soldi che sono sporchi!!!»,* quante volte me l'hanno ripetuta da piccolo!
  Non dite così ai vostri bambini, li state pesantemente condizionando a diventare poveri!
- *«Chi vuole essere ricco, non è una persona spirituale»*
  Il denaro non è né buono, né cattivo, ha un'energia neutra: se viene usato con responsabilità anche verso L'altro e non con avidità è uno strumento che genera benessere per tutti.

Scriveva il grande Winston Churchill: «L'uomo trascorre la metà della vita a liberarsi delle errate convinzioni dei propri antenati e l'altra metà a trasmettere persuasioni sbagliate ai propri figli».

È proprio vero: ho citato le convinzioni limitanti sul denaro perché, nel mio caso, hanno influenzato in maniera negativa e per molti anni non soltanto la mia riuscita professionale, ma anche la mia salute. Aver creduto che fosse giusto "spaccarsi" la schiena, lavorando duramente ore e ore, perché quello era il modello che avevo ereditato dai miei genitori o dall'ambiente culturale in cui ero cresciuto, non ha certamente giovato al mio cuore.

Oggi, la mia nuova consapevolezza mi fa credere, con convinzione, che la vita sia facile e generosa e che mi aspettino solo cose buone: ogni mattina contemplo convinzioni potenzianti sulla salute, scrivendole su un quadernetto o ripetendole a voce alta e ricordando a me stesso, con gratitudine, quanto sono fortunato ad essere ancora vivo ed essere qui a trasferirvi la mia storia. E poi mi guardo intorno, vedo tante storie di successo, vedo persone fortunate che sono diventate ricche e hanno famiglie meravigliose, altre che sono meno ricche, ma sono ugualmente felici!!! Vedo persone molto spirituali, che vivono una vita nel mondo, ma sono fortemente connesse con il divino e sono molte e sono in mezzo a noi. La nostra felicità e il nostro benessere dipendono esclusivamente dalle nostre convinzioni potenzianti.

Ho ripulito la mia mente da false credenze e, quando cercano di farsi ancora largo, richiamo le mie convinzioni potenzianti. Lavorate sulle convinzioni, o loro lavoreranno per voi!

Gandhi diceva: «Sii tu il cambiamento che vuoi vedere nel mondo», pertanto, iniziamo fin da ora. Iniziamo a misurare ogni nostra parola. «Sii impeccabile con la parola», scrive Don Miguel Ruiz, l'autore di quel meraviglioso *I quattro accordi*. Le parole sono formule magiche perché creano realtà. Impariamo a essere, attraverso il nostro linguaggio, potenti oltre ogni misura.

Noi abbiamo solo l'oggi e siamo il risultato dei nostri pensieri di ieri. Domani, saremo ciò che abbiamo creduto in questo stesso instante. *Perciò agisci! Agiamo! Agisci ora, agisci meglio!*

Proviamo, per una settimana, a parlare solo quando serve e per esprimere concetti positivi e potenzianti: a ogni lamento, critica verso gli altri, biasimo verso noi stessi, per ogni non posso, non ce la faccio, sono stanco, voglio cambiare ma non riesco, per ogni volta in cui formulate un pensiero col pollice verso, prendete un salvadanaio e metteteci dentro due Euro. Provate, fatelo davvero e invitate anche chi vi sta intorno a farlo. I vostri figli, i vostri amici, i vostri colleghi.

Avete messo da parte abbastanza soldi per dare da mangiare a un bambino in Africa per un mese? Scommetto di sì. Questo ci dà la misura e la dà anche a me stesso, perché nessuno è immune dà questi pensieri, di quanta spazzatura gira per i nostri cervelli. Questa immondizia è il principale sabotatore della nostra felicità. Siate i guardiani della vostra mente e il vostro mondo cambierà in meno di una settimana.

Avete dunque scovato la Vostra convinzione limitante che si annida in fondo all'anima? La principale, la più disturbante? La "convinzione perduta", quella subdola voce nascosta che vi guida a fari spenti anche dove non vorreste andare? L'avete messa in scacco A/R, trovando la vostra nuova credenza, quella che da oggi ripeterete sempre a voi stessi ogni qual volta non vi sentirete ok?

Trovatele tutte, andando fino in fondo. Forse a un certo punto scoprirete la peggiore, quella che limita ogni essere umano, quella che i saggi e i grandi geni hanno trasceso una volta per tutte: *la convinzione di essere limitati a un corpo fisico, quando invece in noi vive la potenza infinita della creazione.* E poi, avete trovato il vostro scopo? Siete riusciti a capire cosa volete davvero dalla vita, dove siete ora e come potete arrivarci? Avete iniziato a porvi le giuste domande, proprio come ho fatto io, nei momenti peggiori? Come posso…? Come posso…? Come posso…? Avete guardato oltre i problemi, smettendo di chiedervi il perché delle cose?

Allora, se è così, potete davvero iniziare a chiedere, a *chiedere* con successo ciò che *credete* sia meglio per voi in questa vita perché, con una mente tranquilla e uno scopo chiaro, tutto vi arriverà più facilmente. Senza questi *prerequisiti*, senza questa *attitudine propositiva* ogni strumento pratico per il miglioramento diventa come una bacchetta magica senza la formula: niente più che un pezzo di legno.

Quando la giusta attitudine e gli strumenti del cambiamento si mettono insieme, allora avremmo la persona giusta, al momento giusto e con la mente giusta: un essere che realizza, (in modo giusto), per sé stesso e per gli altri, i propri scopi personali, finanziari, spirituali, di salute o quali essi siano.

In tutto questo, *c'è sempre un prezzo da pagare*. Ho imparato su di me che non puoi avere, senza dare niente in cambio. Non puoi arricchirti, senza prima aver fallito. Non puoi gioire, senza prima aver sofferto. Non puoi trovare la tua strada senza prima averla persa. In tutti i casi, devi perdere la tua identità per trovarne un'altra. *Proprio come il bruco e la farfalla.*

Se mi chiedeste quali sono stati *gli strumenti pratici del mio cambiamento*, quelli che ho usato per conseguire il benessere, piuttosto che la salute, o dei rapporti umani sereni, o un migliore equilibrio emotivo, li riassumerei in una parola, che esprime tutto me stesso e molto di più: A.M.O.R.E.E. (Aspira - Medita - Ottieni - Ringrazia - Espandi - Eleva).

Aspira: ho chiesto con mente sincera quello di cui avevo bisogno. L'ho desiderato ardentemente, ho creduto di poterlo realizzare e ho sentito di poterlo meritare. L'abbondanza. La salute. La felicità. La consapevolezza.

Ogni giorno ho scritto su un foglio ciò che avevo chiesto, in termini esatti. Voglio uscire dall'ospedale entro il…, Voglio vendere quella casa entro il… a tot. Euro. *Ho aspirato in termini precisi, non soltanto obbiettivi materiali, ma anche di salute, spirituali o nelle relazioni,* descrivendo esattamente la mia richiesta all'Universo. La legge di attrazione, quel magico potere a disposizione di tutti noi, ha fatto il resto. A volte ho conseguito l'obbiettivo in termini esatti, a volte più lunghi, ma la tenacia e la focalizzazione mi hanno sempre portato risultati più che soddisfacenti. E anche dove, a volte, ho mancato il bersaglio, ho realizzato con assoluta certezza che ogni porta chiusa era in realtà un portone aperto, anche se non ne ero consapevole, verso qualcosa di più grande ed evolutivo. Ho capito che la vita è sempre perfetta per come la sperimento in ogni momento, anche quando le cose non accadono come le avevo pensate. Ciò che ho realizzato, dopo l'intervento, è che la felicità non va ancorata ai nostri obbiettivi, (se avrò, se raggiungerò……allora sarò felice), ma a quello che siamo oggi rispetto a ciò che eravamo ieri, alle sfide che abbiamo superato, a quello che di buono abbiamo costruito, al miglio in più che abbiamo percorso, verso i nostri sogni. Ogni giorno, cerco di essere felice per quello che sono oggi, perché legare la felicità a un traguardo vuol dire averla persa per sempre, proprio come la linea dell'orizzonte, che più ti avvicini, più si sposta in là. Durante un seminario sulla crescita personale, fui colpito dalle parole del relatore, il quale ci chiedeva come mai, alla vista di splendidi paesaggi naturali o di grandi opere d'arte, o tutte le volte in cui la mente si ferma dinanzi a qualche bellezza del creato, o al magico verso di qualche poesia, si sperimenta una pace così profonda. La risposta è semplice: perché in quei momenti il nostro pensiero non va a cercare qualcosa di diverso, non pensa a come potrebbe essere più bello quello spettacolo, o con quali colori o quale luce, semplicemente vive il presente, accoglie quel momento così com'è, per come appare e scompare. Questo è l'atteggiamento auspicabile verso la vita. Allora gli obbiettivi non diventano più la condizione per la felicità, ma le tappe di un processo di crescita.

Medita: ogni giorno ho meditato, per qualche minuto, per calmare la mia mente. E poi durante il giorno, per qualche momento, chiudevo gli occhi per visualizzare lo scopo preciso che volevo realizzare, di volta in volta: ho visto il mio intervento prima che accadesse, i clienti che compravano le case prima che fossero vendute, la casa che volevo costruire. Ho visto il mio "me stesso spirituale", ho richiamato alla mente il mio Maestro e il mio "Team di aiutanti invisibili" nei momenti più importanti o sfidanti della mia vita. Ho immaginato tutto come se stesse accadendo, nei minimi dettagli. Percependo le emozioni collegate a quelle visualizzazioni. Nei momenti più impegnativi ho evocato, vedendole in me come in un film, le prove che avevo già superato, traendo forza dalla loro riuscita: se c'è l'ho fatta una volta, mi dicevo, ci riuscirò ancora.

Ottieni: ho agito, ho agito oggi, adesso, subito, non ho rimandato, anche se mi è costato una fatica immane a volte, anche quando sentivo le gambe cedere o la testa stanca, la forza che non c'era, ho stretto i denti raschiando il fondo di tutto ciò che avevo. Ho bruciato le navi e conquistato l'isola.

Ringrazia: almeno tre cose al giorno per cui essere grato, almeno tre persone da ringraziare. Questo è il mio mantra.

Espandi: ho condiviso ciò che avevo, ho dato me stesso, sono uscito dal mio io; ho donato, almeno il 10% di ogni utile e invito anche te a farlo, qualsiasi sia il tuo reddito. Quando dai te stesso, il tuo tempo, il tuo aiuto, una parte del tuo denaro, lanci all'universo un messaggio di abbondanza: ho tutto, ho tanto, mi apro agli altri, dono agli altri. Ciò che dai, ti ritornerà raddoppiato e non solo in termini economici, perché in fondo, gli altri, non sono diversi da te stesso. Cosa succederebbe se tutti donassero il 10% dei loro guadagni. O del loro tempo? E se lo facessero 1.000.000 di milionari, non cambierebbero le sorti del mondo? Pensaci, staresti meglio anche tu.

Eleva: io scelgo la via della felicità e dell'abbondanza conseguita con le giuste azioni per me e per gli altri: il successo del cambiamento non è il mio fine, ma il mezzo con cui ti mostro che tutti c'è la possiamo fare. Miglioriamo noi stessi, per migliorare gli altri e condividiamo i segreti del cambiamento, dell'abbondanza, della salute e della felicità. Trasferiamo informazioni di qualità.

Il tutto, ho sempre cercato di portarlo avanti con amore, passione ed entusiasmo, per questo A.M.O.R.E.E. rappresenta ciò che sono oggi, come uomo e imprenditore. Ma allora, ti chiederai, perché dovrei aspirare ad una vita migliore, diventare più ricco, più felice o in salute, perché non dovrei stare dove sto, forse ho già abbastanza, non mi manca nulla, o forse si, o forse no?

Perché caro amico, ogni uomo è un seme e se questa pianta stenta a nascere, o muore, o non cresce abbastanza forte ci sarà meno luce e ossigeno per tutti. Ma se questo seme dà vita a una pianta forte e rigogliosa e miliardi di semi fanno lo stesso, il mondo cambierebbe decisamente aspetto. La via della ricchezza e della felicità non è una strada solitaria, ma è una responsabilità comune.

Che non richiede uno sforzo maggiore di quello necessario per sopportare la miseria dell'esistenza umana. È sempre e soltanto una scelta. La tua. Alla tua felicità, salute e abbondanza!!! Con affetto.

F.

RIEPILOGO DEL CAPITOLO 5:

• **RICETTA n. 1:** ciò che sei è la diretta manifestazione dei tuoi pensieri che suscitano poi le sensazioni e gli impulsi che ti spingono ad agire e a produrre risultati. *È matematico: se vuoi essere diverso da ciò che sei devi iniziare a fare cose che non hai mai fatto e, per fare questo, devi pensare come non hai mai pensato. Da ora.*

• **RICETTA n. 2:** *scova le tue convinzioni limitanti*, sull'amore, il denaro, la salute, la felicità che stanno alla base dei tuoi pensieri ricorrenti e rigirale, trovando conferma per le tue nuove convinzioni. Ricorda: prima di agire, lavora sulle tue convinzioni depotenzianti, o loro lavoreranno per te, sabotandoti. *Ripeti ogni giorno le tue nuove convinzioni potenzianti.*

• **RICETTA n. 3:** *contempla le soluzioni, non i problemi.* Anche se a volte può costarti una fatica immane, stringi i denti e poniti le giuste domande: come posso? Come posso? Come posso? Come posso? Anche se ti sembra senza senso, anche con le lacrime agli occhi, anche nei momenti più bui, fallo: è l'unico modo per sganciarti dal problema e stare nel presente. Vincerai.

• **RICETTA n. 4:** Ora che hai scovato le tue convinzioni limitanti, ora che hai trovato il tuo vero scopo della vita e ti sei posto le giuste domande, è arrivato il momento di agire*! Adesso!* Con A.M.O.R.E.E. =Aspira, Medita, Ottieni, Ringrazia, Espandi Eleva.

- **RICETTA n. 5:** *Non puoi trovare la tua strada, senza prima averla persa.* Ogni giusto ottenimento richiede un prezzo da pagare. In tutti i casi, devi perdere la tua identità per trovarne un'altra. *Ogni farfalla era un bruco.*

- **RICETTA n. 6:** *La via della giusta ricchezza e della felicità non è una strada solitaria, ma è una responsabilità comune.* Migliorando te stesso, generi un campo intorno a te di maggior benessere, salute e gioia per tutti. Se ognuno di noi lo facesse, come cambierebbe il mondo? *La via della felicità e dell'abbondanza, non è un diritto, ma è un dovere.*

Frase del cambiamento: Ogni giorno, contemplo il mio scopo della vita e le mie convinzioni potenzianti, mi guideranno verso il cambiamento e la realizzazione personale, con A.M.O.R.E.E.

La felicità è quando ciò che pensi,
ciò che dici e ciò che fai,
sono in armonia.
(Mahatma Gandhi)

Capitolo 6:
Quando la realtà supera la fantasia

"La mente assume la forma stessa di quello che contempla, che sia naturale o coltivato, perciò risolutamente, ma intelligentemente contempla lo stato al di là del dolore, libero da ogni dubbio."

Yoga Vasistha

Nei capitoli precedenti vi ho raccontato di come siano i nostri pensieri prevalenti a influenzare la realtà che sperimentiamo. Questo l'ho più volte toccato con mano e, in modo incredibile, proprio con riferimento a questo libro e al successivo progetto editoriale: voglio farvi davvero comprendere come "La Legge di Attrazione" non sia affatto, come molti credono, una creazione "New Age", ma abbia davvero un reale fondamento.

Avete mai sentito parlare di S.A.R.?

Il S.A.R. (sistema di attivazione reticolare) è un insieme di cellule nervose che mette in connessione tra loro i lobi frontali, la corteccia celebrale, parti evolute del cervello umano che sono impiegate nello sviluppo di idee e pensieri e la parte bassa del cervello, il bulbo e le parti collegate al sistema neurovegetativo. E' una sorta di filo conduttore tra pensieri, parole, stati d'animo, sistema percettivo, muscoli e organi interni.

In sostanza il S.A.R., si preoccupa di farci notare ciò che desideriamo, ci permette di essere più attenti a quelle cose che abbiamo deciso essere più importanti per noi o vicine agli obbiettivi che ci siamo posti, ed infine ci consente di scovare con maggiore facilità le strade che ci portano dritte verso i nostri sogni. Avete presente quando volete acquistare un'auto nuova, di una certa marca? Camminate per strada e ne notate una uguale, poi un'altra e un'altra ancora. Improvvisamente, vedete molte più macchine di quel modello di quante non ne avevate mai viste prima.

Ciò significa che quando siamo davvero focalizzati su qualcosa siamo anche più propensi a trovare la soluzione che ci consente di ottenerla.

Naturalmente ciò vale anche in senso negativo: se, ad esempio, dovete andare a prendere vostro figlio, siete in ritardo e vi augurate di non trovare coda nel tragitto, che cosa vi capiterà con ogni probabilità?

Di restare imbottigliati nel traffico! Questo perché l'immagine mentale che si forma collegata a quel pensiero è proprio quella della "coda". E' come dire: "Non pensate al colore rosso!" Quale colore vedrete nella vostra mente? Il verde, il giallo, il fucsia, non credo proprio... Al contrario, per restare nell'esempio precedente, se focalizzate il vostro pensiero sul fatto che mentre andate a prendere vostro figlio troverete le strade vuote, certamente ci arriverete molto prima.

È per questo che si afferma che i pensieri possono imprigionare l'esistenza o renderla libera.

Questa è la modalità con cui funziona il S.A.R., a cui ho voluto dedicare un intero capitolo di questo libro, un capitolo che non avevo inizialmente previsto, ma poiché una recente esperienza personale in proposito è stata molto forte, mi sono voluto ben documentare proprio per spiegarmi ciò che mi era accaduto. Paradossalmente ho capito che, senza volerlo, avevo fatto sempre il miglior uso di questo sistema per uscire fuori dai miei problemi. Ora ve lo racconto.

Questa estate, durante la revisione di "Bruchi Vincenti", mi trovavo in vacanza ad Asiago con la famiglia. Un pomeriggio, chiacchieravo con una vicina di casa in terrazzo e le raccontai proprio dell'intervento che avevo subito, delle difficoltà dopo l'operazione al cuore e di come, nonostante tutto e con il giusto atteggiamento mentale, fossi riuscito a recuperare slancio e salute e tornare a vivere anche meglio di prima, come uomo e imprenditore. Nel discorso, feci il nome del Cardiochirurgo che mi operò ed elogiai la sua straordinaria professionalità e quella di tutto lo Staff del San Donato Milanese.

Casualmente, il vicino di casa che abita al piano di sopra, persona davvero squisita, era anche lui in terrazzo e, senza volerlo, udì la mia storia.

Il giorno seguente mi fermò per invitarmi al campo da golf dicendomi: "Dai vieni, che ti faccio giocare con Sandro."

"Sandro?" - chiesi - "Chi è Sandro?"

"Sandro Frigiola" - disse -, "il cardiochirurgo che ti ha operato" - e aggiunse - "ieri senza volerlo, ho sentito la tua storia, l'intervento etc., Sandro è un mio caro amico e domani viene qui a fare una partita a golf."

Vi assicuro che rimasi a dir poco strabiliato. Siamo milioni di persone e fra tutte, il mio vicino di casa in questa località di villeggiatura era proprio un caro amico del cardiochirurgo che mi operò…pazzesco!!

E il fatto ancor più straordinario era che, nel mio quaderno a quadretti dove, tutte le mattine, annoto i miei obbiettivi di lavoro e personali, le frasi motivazionali e i pensieri interiori che mi aiutano a stare centrato e a vivere in uno stato produttivo, avevo proprio segnato ogni giorno nelle ultime settimane il fatto di riuscire a mettermi in contatto col Professor Frigiola, di poterci parlare personalmente per chiedergli se potevo fare il suo nome all'interno del libro e per raccontargli del progetto "Bruchi vincenti".

Insieme sul Caddy che ci portava da una buca all'altra del campo da golf, io e il Professore avemmo modo di parlare a lungo e vi giuro, a un certo punto, un flash di ciò che erano stati i momenti più bui mi passò davanti e nel vedermi lì, accanto a lui, compresi fino in fondo quel detto che afferma "quando la realtà supera la fantasia" e "quando i pensieri diventano cose", è allora che i miracoli accadono.

Conclusione

Quando ripenso ai momenti più bui, così come ai migliori giorni della mia vita, in realtà, ciò che li accomuna, è sempre la percezione di qualcosa e l'esistenza di un qualcuno che sta vivendo quell'evento. Tra un brutto giorno e una splendida giornata, non esiste una vera differenza, perché tutto dipende dall'osservatore e dalla sua esperienza.

Quando scoppiò la Grande guerra, agli inizi del secolo, la maggior parte delle persone era assai angosciata, ma molti altri si fregavano le mani per gli ingenti guadagni che una situazione così estrema avrebbe loro comportato. È infatti risaputo, che è proprio durante queste calamità che si creano le grandi fortune. Proprio come adesso, anche ai tempi del COVID: in realtà non è cambiato nulla e i meccanismi sono sempre gli stessi, tutto dipende dall'esperienza di ognuno. Per restare più sul pratico: pensate, ad esempio, alla notizia di aspettare un figlio. Per alcuni, può essere una gioia immensa, perché magari è stato molto cercato e desiderato. Per altri, al contrario, può rappresentare una sfortuna, perché è capitato per caso, o magari perché di figli, in casa, ce ne sono già molti e con poche risorse.

Quello che posso dirvi, in modo semplice e in base alla mia esperienza, è che non esistono giorni o momenti assolutamente facili, né assolutamente difficili. Se la nostra percezione è elevata, *se il nostro Focus è sulle soluzioni* e se ci siamo allenati a mantenere nella testa dei *pensieri propositivi e risolutivi,* nessuna situazione sarà mai né troppo bella né troppo brutta, ma ci assesteremo sulla via di mezzo, che è ciò che rende la nostra vita maggiormente equilibrata, senza troppi picchi.

Quando sono partito da Vicenza, tanti anni fa, non avrei mai potuto pensare di arrivare dove sono ora. La vita per me è stata una sorpresa meravigliosa, che si è dispiegata giorno dopo giorno. Allenando, soprattutto negli ultimi quindici anni e in particolare grazie allo Yoga, quelle "competenze emotive" di cui vi ho detto.

I miei genitori mi volevano operaio attaccato a un tornio, non perché non mi amassero, ma perché mi amavano troppo. Ed erano *convinti,* che quello per me sarebbe stato il meglio. Da allora, è passato un oceano sotto i ponti, in cui ho temuto, a volte, di annegare.

Ho cambiato molti lavori e sperimentato le più diverse situazioni ed emozioni. Ho inseguito, senza sosta, una felicità passeggera e ingannevole, che si nascondeva solo fuori in apparenza, ma che poi, ho ritrovato in me stesso. E prima di sperimentare la grande verità, che né il denaro, né la famiglia, né l'amore, né il successo, né le amicizie, né i conseguimenti donano una gioia duratura, ne ho combinate molte. Troppe. E sono anche mezzo morto, per capirlo fino in fondo. A quel punto, ho scelto una vita piena in cui per i "se" e per i "ma" non c'era più tempo, ma soltanto per l'azione.

E ho agito. Subito. Ho copiato dai migliori, per reinventarmi una professione come investitore immobiliare e non solo, dopo anni passati a restaurare case sotto il vento, il sole o il gelo e con grossi problemi di salute. Ma, prima ancora di questo, ho scovato la mia *mission*, lo scopo della vita, ciò che rende possibile tutto questo, ciò che mi spinge avanti con gioia ed entusiasmo, nel fare con passione il mio lavoro, e nel vivere.

Oggi sono un uomo e un imprenditore consapevole che, con A.M.O.R.E.E. *(aspira, medita, ottieni, ringrazia, espandi, eleva)*, fa in modo di portare avanti trattative imprenditoriali di successo, in cui tutte le parti coinvolte sono soddisfatte e che trasferisce informazioni e competenze di qualità, sia emotive che pratiche, attraverso un modello comportamentale trasformazionale corpo – mente - essere che ho battezzato *"Metodo della farfalla"* e che deriva dalla mia esperienza diretta di rinascita dopo l'operazione, per aiutare a migliorare la qualità di vita di tutti coloro che sono reduci da problematiche al cuore, anche se può essere felicemente applicato da chiunque voglia attuare un cambiamento positivo nella propria esistenza trasformando la qualità dei propri pensieri, il proprio livello di energia e ritrovando slancio e gioia di vivere.

E adesso che cosa farete? L'ho appena detto, ed è la formula madre del successo in qualsiasi campo: *leggere è solo l'inizio, ora dovete agire*. Probabilmente, avrete appreso alcuni spunti dalla mia storia, ma saranno le vostre azioni a generare la differenza, se vorrete stare meglio, avere più salute, denaro ed equilibrio.

Terminata la lettura del libro, vi consiglio infatti di rileggere le ricette e le frasi del cambiamento, tenendolo a portata di mano: non perché io creda di aver scritto un capolavoro che non merita di finire impolverato sugli scaffali, ma perché per condizionare la mente alla trasformazione corpo-essere e al successo, serve la ripetizione.

Visitate il sito **www.bruchivincenti.it** nella parte dedicata al *mindset, all'assetto mentale,* potete trovare una copia stampabile delle frasi del cambiamento, unitamente a molte altre affermazioni potenzianti da appendere e da ripetere giornalmente.

E, quando vi sentirete pronti, quando davvero ne avrete abbastanza della vostra zona di agio, quando la spinta al cambiamento sarà più forte della resistenza all'azione, allora potrò aiutarvi a conseguire, attraverso le *"best practices"* che adotto da svariati anni e che ho racchiuso nel *"Metodo della farfalla"*, un cambiamento positivo della vostra qualità di vita, tornando a vivere, come è stato per me e dopo una "disgrazia", paradossalmente anche meglio di prima.

E se mi guardo allo specchio e guardo chi mi sta intorno, che con me condivide un pezzo di vita posso dirvi, per esperienza diretta, che il segreto per raggiungere il vero successo in tutti i suoi aspetti non è evitare, liberarsi o sottrarsi ai problemi, il segreto è quello di crescere per diventare più grande di ogni problema. E guardare, al mondo là fuori, come a un *posto pieno di amici* che, *sotto varie forme*, avranno sempre qualcosa da insegnarvi.

A proposito di sogni...

Quando ero piccino facevo sempre un incubo rincorrente. Mi ritrovavo a scappare da enormi lupi che mi inseguivano, fino a quando arrivavo ai margini di un burrone molto profondo per poi caderci dentro. L'incubo arrivava puntualmente quasi tutte le notti, fino a che stanco di svegliarmi con il cuore a mille e tutto sudato, iniziai a cercare di trovare il burrone ogni volta che i lupi iniziavano a seguirmi, questo perché quando i lupi mi si presentavano davanti e poi precipitavo per scappare, diventavo consapevole che era tutto un sogno.

Questo incubo con il tempo cominciò a lasciarmi in pace, ma durante un viaggio in India, casualmente, ne parlai con un'amica dalle doti predittive, che mi disse: *guarda che questo sogno non è ancora concluso.*

E, come per magia, dopo averlo richiamato in quella strana conversazione, quella stessa notte, dopo 30 anni, mi ritrovai nuovamente coinvolto in un incubo con i lupi che, con il tempo, erano diventati molto più grandi e brutti. La cosa differente dagli incubi che avevo da bambino, è che questi ora non mi rincorrevano più e io ero al riparo dentro a una stanza di una casa con la porta ben chiusa, protetto e vedevo come in un film, questi lupi che si accingevano ad attaccare le persone e gli amici al di là di quella porta.

Con me nella stanza c'era però un Angelo e allora mi rivolsi a Lui chiedendogli di salvare tutte quelle persone e quegli amici che stavano per essere assaliti, ma questo Angelo non mi ascoltava e io insistevo perché potesse mettere fine all'arrivo di quelle bestie, ma nulla. Allora decisi di prendere un fucile che era all'interno di quella stanza, ma l'Angelo mi disse di rimettere subito a posto quell'arma: ma come potevo allora aiutare i miei amici? Ero disperato, perciò decisi di aprire quella porta per affrontare da solo quei lupi terribili.

Spalancai la porta con una grande forza dentro di me e, come per magia, l'unica cosa che vidi furono solo le persone e gli amici che mi guardavano felici. Tutto era finito.

Ecco cosa voglio dirti: questo libro è quella porta che spalancai nel sogno. È la mia storia che Ti offro per migliorare la Tua vita. Migliorando la tua vita, potrai a tua volta cambiare, un giorno, quella di altri. Potresti magari tu, a tua volta, diventare un mentore, scoprire il tuo talento e raccontare la bellezza della complessità dell'esistenza. Usalo, se pensi possa esserti utile, visita **www.bruchivincenti.it**, regalalo a qualcuno a cui potrebbe servire, perché Te lo devi e lo devi al mondo intero. E ricorda, ognuno di noi ha una storia. Un giorno, potresti essere tu a raccontarla.

Con gratitudine.
F.

Ringraziamenti

Innanzitutto, vorrei ringraziare i miei genitori che con il loro insegnamento mi hanno cresciuto con i giusti valori e una grande forza di volontà. Immensamente ringrazio S. (e tutto il gruppo di Yoga) che ha portato Luce nella mia vita, insegnandomi a conquistare la mente e, in questo modo, a portare equilibrio e gioia dentro e fuori di me.

Ringrazio la mia grande famiglia: la mia cara moglie, perché senza di lei tutto questo non sarebbe stato possibile (anche questo libro). I miei figli a cui, a volte, ho sottratto del tempo. E il resto della big family: mia suocera Claudia, sempre pronta ad aiutarci; zia Lucia, Zia Mara, Zio Luigi.

Ringrazio il mio ex socio Davide: sei stato un pezzo della mia famiglia per i tanti anni che abbiamo condiviso e ciò che sono oggi lo devo anche a quello che abbiamo vissuto insieme.

Un grazie al carissimo Giorgio che, come fosse un fratello maggiore, mi è sempre stato vicino e mi ha aiutato nei momenti difficili anche quando non lo sapeva. Sempre risuona nella mia mente la frase che mi disse, in uno dei momenti più bui: *"devi tirare fuori tutta la forza che hai in corpo, trovala anche dove non c'è l'hai.... e poi vai...».* Grazie a Roberto, per gli affettuosi consigli sempre ben calibrati e l'aiuto preziosissimo in tanti momenti. Grazie Dany, sei meravigliosa, luce per la nostra famiglia e i nostri bambini.

Un grazie infinite "di cuore" al Prof. Frigiola e a tutto il reparto di cardiochirurgia del San Donato Milanese. Ringrazio Don Luigi che ha fatto pregare un intero asilo di 250 bambini quando venivo operato.

Grazie, con tanto affetto, a Miki e Manuel, brindo alla vostra Libertà Finanziaria.
Siete stati per me grande fonte di ispirazione, di vera amicizia e condivisione. Grazie ad Alfio e a tutto lo staff della A.B.T.G. S.p.a. che mi ha dato e mi sta dando molto, tra cui il magico incontro con Robert Allen. Grazie Robert. Grazie di cuore a Manuela

Campanozzi e a tutto lo staff della HRD NET SRL: questo libro è cresciuto e maturato anche grazie al vostro contagio emotivo!!

Grazie a Luca Borriero per averci aiutato a costruire il sito e la grafica, grazie per il tuo impegno e la tua creatività, oltre che per la tua bella amicizia.

Grazie a Giacomo e Claudio e a tutto lo staff della Bruno Editore. Cambiare la vita delle persone attraverso i libri è qualcosa di nobile e meraviglioso. Possano i vostri lettori diventare decine di milioni.

E un grazie anche a quei millepiedi che, senza volerlo, mi hanno messo nella condizione di procedere nella mia strada verso il successo e la felicità.

Grazie a tutti.

Fabio

Bonus

Visita =>> <u>WWW.BRUCHIVINCENTI.IT</u>

Entra nella sezione prodotti e valuta quanto vincente ed evolutivo sia il tuo atteggiamento mentale, selezionando il questionario **"mindset e podcast".**

Aggiungi il questionario al carrello. Visualizza il carrello e utilizza il coupon **bruchi9** all'interno per scaricare gratuitamente il questionario e il podcast di visualizzazione del tuo stato ideale di salute e felicità!

Vieni a trovarci!